EL CORAZÓN DEL ASUNTO

Amor,
Información,
y Análisis Transaccional

Claude M. Steiner
con Agustín Devós Cerezo

EL CORAZÓN DEL ASUNTO

Amor, Información, y Análisis Transaccional

Editorial Jeder
[jeder: uno cualquiera]
Sevilla — España

Título original: THE HEART OF THE MATTER

© *Autor:* Claude M. Steiner, PhD

© *Traducción:* Susana Arjona Murube
Agustín Devós Cerezo
Jesús Laguna Gómez
Francisco José Navarro Molina
Enrique Sánchez Arredondo

© *De esta edición:* Editorial Jeder*
Colección: Análisis Transaccional

Maquetación: Editorial Jeder
Diseño: www.3dearte.com

Primera edición: 6 de Enero de 2010

ISBN: 978-84-937032-1-9
Dep. Legal: SE-152-2010
Impresión: Ulzama

Impreso en España — *Printed in Spain*

*Editorial Jeder es una marca registrada de Gisper Andalucía, S.L.

© Gisper Andalucía, S.L.
C/ Fernando IV, 7
41011 – Sevilla – España
www.jederlibros.com

A Eric Berne y
a quienes diseminados por el mundo
están fascinados
con el análisis transaccional.

PRÓLOGO*

Siempre he pensado que los objetivos del Análisis Transaccional implican necesariamente una visión más allá del bienestar personal o de la búsqueda del mismo. En su forma más elemental, el concepto de transacción implica un encuentro entre dos personas, manifestado mediante un diálogo de complejidad variable que frecuentemente está gobernado por motivos ulteriores explícitos o implícitos. No obstante, en la práctica este paradigma básico se extiende a todo el círculo de los contactos activos de un individuo y sus tratos cotidianos por el ancho mundo, incluyendo familia, amigos, conocidos y compañeros de trabajo, y por tanto se expande inevitablemente más allá del círculo social más íntimo del individuo. De hecho, la sociedad se define por la totalidad colectiva de esas interacciones diarias, que difieren en cierta medida según las tradiciones, las convenciones sociales y creencias, diferentes en mayor o menor medida según cada cultura.

Me cuento entre aquellos que creen que lo personal y lo social se entrecruzan inevitablemente, y que el verdadero fundamento del Análisis Transaccional es un reconocimiento de ese hecho, incluso aunque el foco fundamental está en las actitudes y conductas individuales con respecto a sus encuentros sociales más inmediatos. Si de alguna manera la salud mental busca o persigue la integración social, entonces no se

* Traducción de Agustín Devós Cerezo.

puede evitar ni ignorar una consciencia de las cuestiones principales sobre lo que constituye una sociedad sana.

Creo que el AT, al igual que otros métodos terapéuticos, debe evolucionar necesariamente hacia nociones que afronten de manera activa los efectos e influencias que nuestro mundo, cada vez más interconectado y saturado de información, está indudablemente ejerciendo en nuestra psicología colectiva. La psicología es tanto un intento antiguo como —en su más empírica y moderna metamorfosis— una manera asombrosamente reciente de describir y desentrañar las relaciones humanas —trágicas, absurdas, conmovedores y a veces también inspiradoras— con el mundo que nos rodea y especialmente con otros seres humanos. ¿Es simplemente irónico, y quizá un signo vacilante mas no fatídico de ajuste a realidades globales, que mientras el mundo se hace cada vez más pequeño, sólo se vean aumentadas la violencia, el hambre, las luchas étnicas y la guerra?, ¿o, como sospecho, esto es un síntoma aún más profundo y fatídico de las incapacidades humanas?

Como Claude Steiner señala en este libro con tanta urgencia, la más obvia —pero también la más obviada— de las soluciones posibles que tenemos a nuestra disposición, **el amor**, resulta una emoción despreciada y en peligro de extinción. Como él mismo indica, *«...están proliferando los patrones culturales del cinismo y la soledad, y se están situando como obstáculos para nuestras capacidades y habilidades para amar»*.

El amor conlleva el desarrollo de muchas de nuestras aptitudes más valiosas ya que demanda comprensión, inteligencia, empatía y sobre todo honestidad. Como Steiner afirma más adelante, *«El amor es una fuerza para la acción colectiva en nombre de la libertad y del poder de las personas»*. Y es el amor lo que debemos cuidar y fomentar a toda costa. Es cuestión de vida o muerte.

Terry Berne

RECONOCIMIENTOS*

Originalmente este libro quería ser una recopilación de mis escritos, un legado encomendado por la ITAA. Enseguida me di cuenta de que una recopilación tal, aunque era fácil de juntar, sería ilegible: arcana, aburrida y repetitiva. En vez de eso, lo que hice fue recolectar los escritos que pensé que podían ser significativos, entrelazarlos, y posteriormente recomponerlos, reescribirlos y ampliarlos a voluntad. En este libro se reconocerá muy poco texto de mis otros escritos, pero cualquiera que haya seguido mis ideas verá que todas están aquí en un solo lugar y aclaradas en la máxima extensión posible, mientras el material permanece legible.

Por encima de todo quiero reconocer a mi maestro y amigo Eric Berne por inventar el análisis transaccional y compartirlo conmigo tan generosamente, en la teoría y en la práctica, durante los escasos diez años en que estuvimos juntos antes de su muerte. Hogie Wyckoff merece un reconocimiento especial, ya que ella fue responsable de muchas de las ideas claves de mi trabajo. Mis colegas de la Psiquiatría Radical, Joy Marcus, Becky Jenkins, Beth Roy, Robert Schwebel, Carmen Kerr y Darca Nicholson me ayudaron a poner por escrito y en acción las ideas que aquí presento. Doy las gracias a Denton Roberts, Steven Karpman, Jack Dusay, Keith Tudor, Carlo Moiso y Ted Novey, mis colegas analistas transaccionales con quienes sopesé y elaboré muchas de mis ideas, y finalmente a mis colegas del movimiento de la Edu-

---

* Traducción de Agustín Devós Cerezo.

cación Emocional; Hartmut Oberdieck, Marc Devos, Lilly Roussel, Elizabeth Edema, Michael Epple, Silvia Cavalié, Anne Kohlhaas-Reith, Richard Reith, Heinz Urban, Petra Rieder-Seeger, Norbert Nagel, Manfred Kiewald, Marielle Coeytaux y Becky Jenkins, guerreros emocionales actualmente implicados en hacer de éste un mundo seguro para las emociones.

También me gustaría dar las gracias a mi esposa y fiel compañera durante quince años, Jude Steiner-Hall, quien sugirió el título para este libro así como el término «psicología de la liberación». Ella editó este libro, a menudo repasando frase a frase hasta que ambos estábamos satisfechos con que quedaba claro lo que yo quería decir. Su lucha por enmendar mi pobre inglés y su mirada crítica para mi a veces descuidado pensamiento teórico han dado a mi trabajo el chispazo de excelencia que pueda contener. Soy extremadamente afortunado y estoy muy agradecido de tener junto a mí una musa tan dispuesta y con tanto talento.

INTRODUCCIÓN*

Afirmaría que, a lo largo de una vida larga y colorida, mi propósito ha sido ser útil para que las personas desarrollen y disfruten la plenitud de sus facultades y poderes mediante el uso de las herramientas del análisis transaccional. Es imposible desarrollar el potencial propio en el vacío; para crecer con fuerza necesitamos que otros compartan con nosotros ese crecimiento. En consecuencia, de la misma manera me he envuelto en el desarrollo de sistemas para crear y mantener las redes sociales y cooperativas que den poder a todas las personas para que logren su potencial.

Mi convencimiento ha sido que durante milenios los seres humanos hemos vivido bajo la dominación ininterrumpida de un orden social opresivo. Este sistema es el descendiente «civilizado» de la estructura social de los simios, el orden jerárquico mediante el que se organizan los grupos de primates, una forma social de organización profundamente territorial y estratificada. Esta anciana estructura de poder explota a la mayoría de seres humanos en beneficio de una élite minoritaria de hombres poderosos y de su escogida descendencia, dejando para el resto una lucha por la mera supervivencia.

Soy un ferviente analista transaccional con devoción por el estudio y desarrollo del análisis transaccional. El análisis transaccional lo creó Eric Berne en los años cincuenta, y disfrutó de gran reconocimiento y popularidad en los Estados Unidos en los setenta. En todos esos años desde sus inicios, y

* Traducción de Agustín Devós Cerezo.

mientras palidecía en los Estados Unidos, ha crecido y se ha convertido en un movimiento global y es muchas cosas para mucha gente. No obstante hay un denominador común que caracteriza al análisis transaccional por todo el mundo; la creencia de que al nacer todos estamos bien y el hecho de que ofrece las herramientas necesarias para completar el potencial de crecimiento de las personas, su bienestar y su plena expresión personal.

Miles de millones de personas por todo el mundo claman por la libertad y millones están activamente implicados en traerla bajo multitud de formas. Como mi contribución, espero aclarar la naturaleza y promover el desarrollo de las relaciones personales democráticas.

Mi deseo es contribuir a esta búsqueda proporcionando las herramientas prácticas y necesarias, centradas en el amor, para progresar en la cooperación democrática y en la libertad en nivel de pequeños grupos y en las relaciones de persona a persona. Para esta tarea propongo usar las herramientas del análisis transaccional, ampliadas por las capacidades que se están desarrollando en la era de la información.

Baso mi trabajo en ciertas ideas seleccionadas del pensamiento de Berne. Están en cursiva sus propias y a veces chifladas palabras, que ponía por escrito de vez en cuando, pero que impartía verbalmente a mí y a sus colegas:

1. Toda persona tiene tres estados del yo distintos a su disposición —Padre, Adulto y Niño— todos ellos capaces de funciones específicas y valiosas. *«Todo el mundo es tres personas»*.

2. Toda persona tiene un estado del yo objetivo, procesador de la información, que resuelve problemas —el Adulto— capaz de ser desarrollado y mejorado. *«El Adulto es una computadora humana. Cuando tengas problemas ¡piensa!»*.

3. Toda persona nace con capacidad para la espontaneidad, la consciencia y la intimidad inherentes al estado del yo Niño: *«La posición universal es: 'Yo estoy bien / Tú estás bien'»*, *«El Niño es la mejor parte de la personalidad»*.

4. El estado del yo Padre es el recipiente de la tradición prejuiciosa y tiene dos encarnaciones posibles: el Padre Nutricio y el Padre Crítico.

5. Las personas viven sus vidas según guiones limitadores decididos en su infancia a base de influencias externas sobre la persona joven. *«La gente nace príncipe o princesa hasta que sus padres los convierten en ranas»*.

6. Las caricias, la unidad social de reconocimiento, son esenciales para la supervivencia. *«Si no te acarician se te secará la médula»*.

7. Las personas están obligadas por sus guiones a jugar juegos psicológicos para, en parte, conseguir las caricias necesarias. *«Los juegos sustituyen a la intimidad»*.

8. Las decisiones tempranas del guión se pueden revocar. *«Puedes cerrar el telón y poner en escena una obra mejor; los guiones se pueden redecidir»*.

9. El análisis transaccional es un método para aportar el cambio deseado mediante el uso del Adulto. *«Haz contratos»*, *«Consigue el control Adulto»*, *«¡Cura a la gente!»*.

10. Para aportar el cambio, el análisis transaccional habla y escribe en un lenguaje comprensible para el ciudadano medio. «*Hablamos con un lenguaje claro, comprensible para alguien de dieciséis años, libre de cháchara o de polisílabos confusos*».

Dado que las caricias serán centrales en este libro, déjame que aporte una definición derivada del libro *Juegos en que participamos* (1964), en el cual presenta el concepto de caricia:

> «**Una caricia es la unidad fundamental de la acción social [...] un acto que implica el reconocimiento de la presencia de otra persona**».

****

Durante el medio siglo en el que mi interés principal fue el análisis transaccional, he desarrollado otras visiones propias añadidas que resumo a continuación:

1. El amor es la fuerza de poder fundamental en las relaciones humanas. La transacción básica de amor es la caricia positiva.

2. Muchas más personas de las que se dan cuenta sobreviven bajo una insuficiente dieta de caricias positivas.

3. La escasez de amor es el resultado de una «economía de caricias» impuesta por el estado del yo Padre Crítico, que mantiene a las personas impotentes, deprimidas, temerosas y desesperadas.

4. Cuando no sean capaces de obtener caricias positivas, las personas hambrientas de caricias buscarán y aceptarán caricias negativas, necesarias pero emocionalmente debilitadoras.

5. Las caricias negativas se generan al participar en juegos psicológicos y al representar los tres papeles fundamentales de los juegos; Rescatador, Perseguidor y Víctima.

6. Para que un guión perdure, se debe participar en los juegos que sustentan al guión. Eliminando los juegos minamos los fundamentos del guión individual. Derrotar a la economía de caricias al aprender a dar y recibir libremente las caricias positivas hace a los juegos innecesarios como fuente de caricias y ayuda a las personas a zafarse de sus guiones.

7. Para derrotar a la economía de caricias es necesario aislar y eliminar la influencia controladora del Padre Crítico, para que así los poderes innatos del amor de la persona queden libres para desarrollarse.

8. El amor, en un entorno social cooperativo y democrático, es un poderoso facilitador del poder personal, de la esperanza y de la seguridad. Los abusos de poder y los juegos de poder tienen el efecto opuesto y generan en cambio impotencia, inseguridad, odio y temor.

Éstas ideas, las de Berne y las mías, son las piedras angulares de un punto de vista que he estado desarrollando desde que en 1971 escribí *Los guiones que vivimos*. Llamo a este punto de vista «Análisis Transaccional Centrado en las Caricias».

Mi tesis, en un párrafo breve pero espero que significativo, es la siguiente:

El potencial pleno de la humanidad, el pensamiento productivo, la acción efectiva, el amor, y la alegría han sido suprimidos durante milenios por un sistema social jerárquico, autoritario, controlador y abusivo mediante la colaboración activa del Padre Crítico que opera en cada persona. Este potencial reprimido puede ser liberado en un ambiente de cooperación democrática, centrada en el corazón, basada en la información, libre de juegos de poder, y facilitada a través del análisis transaccional.

PRIMERA PARTE

Quo Vadis AT?
La Política del Corazón

1. ANÁLISIS TRANSACCIONAL EN EL SIGLO XXI*

Desde sus comienzos en los años 50 como unas reuniones semanales de una docena de profesionales varios y profanos talentosos en el apartamento de Eric Berne en el barrio chino de San Francisco, el análisis transaccional está cambiando hacia un creciente movimiento mundial, atrayendo a miles de personas entusiastas y diversas, de vocaciones variadas, jóvenes y mayores.

¿Qué tiene el análisis transaccional de Berne que tanto atrae a la gente? ¿Es la sencillez de sus conceptos? ¿La naturaleza chiflada y provocativa del lenguaje de Eric? ¿La segunda generación de textos de Harris, James, Steiner, Dusay, Karpman, English, los Goulding, Steward y Joines? ¿Es el entusiasmo y los métodos de sus muchos profesores o es el celo misionero de sus formadores? ¿Es la elaboración de análisis transaccional integrativo, relacional y psicoanalítico? ¿Es la oportunidad que ofrece para llegar a ser terapeuta y ganarse la vida? ¿O es la actitud amistosa, cooperativa y de mente abierta que tiene la gente del movimiento? Todas estas razones y probablemente algunas más están implicadas de forma variada, de unas personas a otras, de una ocupación a otra, y de un lugar a otro.

Y aun así tengo la fuerte impresión tras décadas de viajes y enseñanzas del análisis transaccional (en veinticinco países de cinco continentes) que hay ciertos aspectos del análisis

* Traducción de Francisco J. Navarro Molina.

transaccional que atraen universalmente a las personas. Dondequiera que vaya, cada vez que puedo, en cientos de conversaciones informales, he hecho la pregunta: «¿Qué te atrae del análisis transaccional?». Y las respuestas más frecuentes que hallo de psicoterapeutas, educadores, consejeros y consultores, así como de la gente normal son: «Me ayuda a entenderme a mí misma» y «Me ayuda a ayudar a la gente».

YO ESTOY BIEN / TÚ ESTÁS BIEN

Cuando insisto más y pregunto qué hace al análisis transaccional tan útil las respuestas son más variadas. Los estados del yo y el concepto OK, («Yo estoy bien, tú estás bien») encabezan la lista, y luego las caricias, los guiones, los juegos y los contratos más una variedad de otros conceptos que reflejan los intereses específicos de formadores influyentes.

Yo esperaba que los estados del yo fueran el atractivo favorito pero me sorprendí de que el concepto OK se hubiera convertido igualmente en uno destacado en el pensamiento de la gente. Al principio yo me resistía a que el «Yo estoy bien / Tú estás bien» se convirtiera en un identificador del análisis transaccional, por miedo a que quedara como una definición simplista. El libro *Yo estoy bien, Tú estás bien* de Thomas Harris (1969), una popularización del análisis transaccional, se había convertido en un *best-seller* aún mayor que *Juegos en que participamos.* Yo ridiculicé el concepto OK/OK en *Los guiones que vivimos* (Yoestoybientúestásbienchachachá). Cuando un astrónomo, en un vuelo trasatlántico me preguntó «¿El análisis transaccional no va de *Yo estoy bien, tu estás bien*?», le respondí con una sonrisa juguetona, señalando hacia el cielo nocturno a través de la ventana, «Sí... ¿y la astronomía no va de *estrellitas de cristal?*».*

---

* Popular nana infantil. «Estrellitas de cristal, brillan, brillan sin parar» (*N. del E.*)

En realidad, es mucho más que eso. Revisándolo, el concepto OK/OK establece una sofisticada teoría. Berne postulaba que el enfoque «Yo estoy bien, tú estas bien» es el «estado universal» con el que todos llegamos a este mundo. Nos desviamos de ese punto de vista natal cuando desarrollamos actitudes «no OK» sobre nosotros y otros, y cuando lo hacemos, siempre podemos —con la ayuda del beso del analista transaccional que anula a la rana en que nos convertimos— volver al estado OK profundamente arraigado desde nuestro nacimiento. Ésta es una proposición teórica importante y fundamental que informa del método del análisis transaccional.

El concepto no OK tenía la intención de clarificar ciertas patologías de la gente; sus persistentes actitudes negativas sobre sí mismos y sobre otros; sus depresiones, paranoias, resentimientos, pesimismo, etc. Hoy el concepto ha sido llevado más allá de lo que Berne imaginaba; se ha desarrollado como una dimensión de las organizaciones de análisis transaccional, una actitud de aceptación, cooperación y de apertura de mente. Esta actitud se ha convertido en una característica de la cultura del análisis transaccional. Leonhardt Schlegel, alguien serio en el análisis transaccional (1998) lo describió como un conjunto mental característico («*einstellung*») del movimiento (comunicación personal, 2001). Diré que la actitud de OK/OK es un aspecto esencial del análisis transaccional y que tiene una dimensión política importante.

LA AVERSIÓN DE BERNE POR LA POLÍTICA

Durante mucho tiempo he esgrimido que Berne era rigurosamente apolítico. Algunos han discrepado de este punto de vista. Después de todo, dicen, llamó a sus encuentros en San Francisco los «Seminarios de Psiquiatría Social de San Francisco». Esto ha sido interpretado con significado político, indicando el deseo de sanar a la sociedad de alguna forma.

Pero Berne se burlaba de la gente que hablaba de «nuestra sociedad»* y las metía en el mismo saco que a los participantes en juegos emocionales de «Invernadero». Por psiquiatría social, Berne se refería al estudio psiquiátrico de «transacciones específicas que tienen lugar entre dos o más individuos particulares en un momento y lugar dados» (1961, Pág. 12) no de toda la sociedad en general.

Además, su respuesta a las nuevas actitudes políticas de la Nueva Izquierda que simpatizaban con el socialismo y apasionadamente contra la guerra de Vietnam tendía al desprecio. Su reacción a las conversaciones políticas acaloradas del día era que o bien eran un juego o un pasatiempo de la variedad «¿No es terrible?». Su mayor acto político durante aquellos años fue un editorial que escribió el último año de su vida en el que decía: «[...] (el análisis transaccional está ahora) suficientemente bien establecido para asumir una o incluso dos cruzadas». «Está de moda entre los psicoterapeutas despreciar juicios morales [...] debe haber algo por lo que merezca la pena luchar». A continuación procede a abogar por hacer de la mortalidad infantil el «estándar de valor básico» y concluye: «Por tanto, la primera cruzada es contra los Cuatro Jinetes: Guerra, Peste, Hambre y Muerte [...] porque incrementan la tasa de mortalidad infantil», una débil y sentida declaración anti-guerra cuando la guerra de Vietnam estaba en su mayor apogeo (*TAB* Enero 1969, V8, #29, Pág. 7).

Aun así, he tenido que hacer una corrección en mi forma de pensar. Recientemente aprendí dos hechos importantes que Berne («la Gran Pirámide» como enigmáticamente se apodaba) había mantenidos herméticamente escondidos de aquellos que fuimos al seminario de San Francisco.

Primero, me enteré a través de Terry Berne, el hijo de Eric (*The Script*, 2004, V34 #8), que Berne había sufrido una fuerte persecución en la era anti-comunista en los últimos

* «*Arsaciety*», como forma burlona de referirse al sintagma «*our society*» (*N. del E.*).

años cuarenta y los primeros cincuenta en los EE.UU. Fue investigado e interrogado, y perdió su trabajo en el gobierno y su pasaporte porque firmó una carta crítica con el tratamiento dado a ciertos científicos de los que el gobierno sospechaba tendencias izquierdistas. Ahora concluyo que la época de persecución de McCarthy tuvo éxito en silenciarlo públicamente.

En segundo lugar, recientemente me enteré a través de Mary Goulding (comunicación personal, 2008) que ella acudió a numerosos almuerzos en Carmel donde él vivía, en el restaurante Rings, al final de los 60 durante los que Eric, y su nueva esposa Torre, expresaban libremente sus puntos de vista políticos liberales, algo que nunca hizo en San Francisco, ni abiertamente ni en privado. Ahora tengo la impresión de que Torre reavivó los instintos políticos enterrados de Berne; en los últimos meses de su vida su actitud pareció suavizarse. En julio de 1970 noté una apertura y me ofrecí a presentar la teoría de la economía de caricias en el seminario de San Francisco. El día que se suponía que presentaría mis ideas políticas sobre las interacciones, sufrió el primero de sus dos ataques al corazón y nunca pude compartir estos puntos de vista con él.

Nunca sabremos como habría reaccionado, pero en el fondo de mi corazón albergo la esperanza de que él era, en realidad, una persona de convicciones políticas profundas, que iría conmigo de la mano en estas cuestiones.

LA POLÍTICA PERSONAL DE BERNE; POLÍTICA Y ANÁLISIS TRANSACCIONAL

Puede que Berne haya sido silenciado en lo que respecta a las grandes controversias de nuestro tiempo, pero en su teoría y práctica su política permaneció profundamente populista, anti-elitista, libertaria e igualitaria. En ningún lugar se hizo este manifiesto más claro que durante sus terapias grupales a puerta cerrada en el hospital St. Mary de San Francisco, y que yo observé al final de los años 60. Durante una hora Berne conducía una terapia de grupo para los pacientes de la sala con el personal del hospital sentado alrededor del grupo, observando. A continuación, tras un intercambio de sillas, Berne dirigía un debate con el personal sobre la sesión de terapia del grupo con éstos sentados en el círculo interno y los pacientes observando. Ésta era una inversión radical y absoluta de las convenciones que requerían que las charlas del personal tuvieran lugar fuera de la escucha de los pacientes. Era una clara declaración anti-elitista para los pacientes y los profesionales, a los que él veía como seres humanos iguales. No sólo enfatizó que ambos iban a ser tratados seriamente, sino que esperaba que charlaran entre ellos en lenguaje comprensible. Esto era muy importante para él; quería que la gente llana, «de estudios medios», fuera incluida en las conversaciones; no estaba permitida la «cháchara» psiquiátrica o psicoanalítica.

Berne creía en establecer un terreno de juego nivelado entre el terapeuta y el cliente, un proceso que comenzaba por exigir un contrato entre ambos. Un contrato implica una conversación entre dos seres iguales, uno de los cuales requiere ayuda experta mientras que el otro ofrece su experiencia propia. Se asume que ambos están capacitados con un Adulto funcional, los dos en búsqueda de una relación mutuamente acordada, con un propósito común. Un requisito del contrato es que ambas personas entiendan sus términos y usen un lenguaje compartido. Además de exigir que las charlas fueran en lenguaje simple, él quería trabajar con los sucesos visibles que podían ser observados por cualquiera. Prohibía el uso de ejemplos hipotéticos e insistía en que habláramos sobre transacciones visibles entre personas reales y observables, usando lenguaje comprensible. Para conseguir esto ofrecía los conceptos de los estados del yo, de los juegos y de los guiones, extremadamente útiles y populares.

Postulando que todas las personas nacen con una posición existencial OK, Berne afirmaba la igualdad fundamental de la gente y su potencial como seres humanos. «Todo ser humano nace como príncipe o princesa, aunque las experiencias iniciales convenzan a algunos de que en realidad son ranas» (1966, Pág. 290). Sin embargo todos tenemos, decía, una oportunidad idéntica para llegar a ser por completo un «miembro de la raza humana» (1966, Pág. 290). La posición no OK, parte inherente de un guión de vida, es adoptada bajo coacción y puede ser cambiada o redecidida.

Su actitud en el debate sobre quién podría practicar psicoterapia fue también sorprendentemente igualitaria. En aquella época, sólo los doctores en medicina podían ejercer legalmente, con la excepción de cierta gente psicoanalíticamente entrenada. Pero la presión era creciente, de los psicólogos, trabajadores sociales, pastores (o simplemente personas normales que querían practicar la curación de almas). La respuesta de Berne, radical en aquel momento histórico, fue que «un auténtico médico es alguien que cura pacientes» (independientemente de sus títulos y credenciales), una declaración que me dio a mí (que era sólo psicólogo) y también a otros permiso para ser médicos «auténticos» independientemente de nuestra formación profesional.

Una de las más grandes cualidades de Berne era que fue capaz de admitir la discrepancia y la contradicción, especialmente cuando la contradicción provenía de la realidad. Como ejemplo, en uno de sus seminarios semanales, ante una habitación llena de gente, mencionó durante la charla que tener sueños sexuales con la madre propia era un síntoma de esquizofrenia. Dicho así, aquello parecía una correlación razonable, pero entonces me di cuenta de que yo había tenido exactamente ese tipo de sueños. Así que cuando llegó mi turno dije: «Eso es muy interesante pero yo ocasionalmente tengo sueños sexuales con mi madre. ¿Cómo explicas esto?». Berne me miró, aspiró de su pipa por unos segundos y, con una sonrisa irónica, dijo: «Bueno, ahí muere esa teoría...».

EL ANÁLISIS TRANSACCIONAL Y EL AVANCE DE LA DEMOCRACIA

La introducción de Berne de la posición existencial del OK/OK y la importancia de las caricias para una supervivencia saludable guió el camino para mi trabajo sobre caricias positivas, la economía de caricias y la educación emocional. Con el tiempo, y con la ayuda de gente en el análisis transaccional con mentalidad social, estos conceptos fueron decisivos para dar forma al análisis transaccional como un vehículo para las transacciones y relaciones positivas, sustanciosas, generosas, emocionalmente sanas, así como honestas y faltas de juegos de poder.

Apertura a la discusión cooperativa, aceptación del debate y de los diferentes puntos de vista, mantenimiento o cambio de forma de pensar en base a nueva información, y el deseo de condensar diferentes puntos de vista son las características de una sociedad abierta y democrática. El atractivo del análisis transaccional se debe en parte al hecho de que comparte estos valores. Es una organización democratizadora; un pequeño pero importante enlace en la evolución mundial hacia la democracia.

El avance de la democracia, que empezó en la ciudad griega de Atenas, 500 AC, fue una reacción contra el antiguo y opresivo régimen de jerarquías y dominación sobre muchos por unos pocos. En los 2500 años desde que apareció por primera vez, la democracia ha sido comprometida de forma intermitente en una lucha a menudo titánica contra la versión humana del orden social de nuestros ancestros simiescos: supremacía del macho y territorialidad, también conocida como patriarcado, que nos ha traído guerras, imperios, genocidios, la Inquisición y otras incontables calamidades.

Hoy este sistema social está siendo ampliamente desafiado a medida que el mundo se aleja de sus patrones de supervivencia ancestrales. La democracia se basa en la libertad y la igualdad y es contraria a las jerarquías de dominación. A estos principios —libertad e igualdad— yo añadiría información, esto es, adecuado y verdadero conocimiento comprensible sin el cual la democracia no es posible. Estos tres principios de igualdad, libertad e información han tenido dos milenios para llegar a este punto, a medida que la democracia progresa en una trayectoria definitiva aunque tambaleante.

Un gran retroceso al progreso de la democratización del mundo ha sido la guerra iniciada en Irak por George Bush, que tenía el supuesto propósito de «desparramar democracia» (y valores americanos) en Oriente Medio. No sólo no consiguió ese propósito simplista, sino que desacreditó a la democracia y la atrasó décadas en el mundo musulmán al tiempo que la puso en peligro en EE.UU. socavando la Constitución. (Afortunadamente la actual nueva era liderada por Barack Obama pretende invertir ese efecto y puede que después de todo la democracia vuelva a EE.UU.*).

Habitualmente se piensa que la política es una actividad relativa al Gobierno. Quiero avanzar la opinión de que cualquier actividad que implique relaciones de poder es política y que se aplica hacia abajo a los niveles de relación más personales tanto si se trata de quién come y quién sirve, quién lava los platos, quién habla y quién escucha y hasta cuándo y cómo tener sexo. Esto significa que si queremos entender el poder en el mundo, podemos pensar en políticas gubernamentales, pero debemos pensar en políticas personales también. Los principios democráticos son tan importantes en el ámbito privado como lo son en la esfera civil. En este reino de las políticas personales, el viejo antagonista de la democracia es el patriarcado, el gobierno del padre y sus representantes elegidos por él.

El análisis transaccional, con su lenguaje pragmático, simple y utilitario, es una teoría y práctica, política y con consciencia del poder. El análisis transaccional enfatiza la ob-

---

* Es una referencia a Leonard Cohen y su canción *Democracy*. (*N. del E.*).

servación detallada del Adulto y el diálogo, la apertura en la conducta interpersonal, la no-violencia, la cooperación y la igualdad. Es una actividad profundamente democrática que promueve la igualdad, el diálogo y el compromiso al nivel más personal.

Las personas que anhelan la libertad y la justicia social pueden encontrar consuelo en las ideas, prácticas y métodos de entrenamiento de los analistas transaccionales. Por eso, en mi opinión, el análisis transaccional está proliferando tanto, algo que creo llenaría de orgullo a Eric Berne.

PSICOLOGÍA DE LA LIBERACIÓN

Tratando de definirme a mí mismo durante los últimos cuarenta y cinco años, he intentado asignarme una serie de etiquetas. Definitivamente soy un analista transaccional que espera ayudar a mejorar las vidas de las personas en sus relaciones, contractualmente. Soy un psicólogo clínico científico y académico que, cuando es posible, insiste en trabajar con la base del conocimiento confirmado por la investigación. También soy un psiquiatra radical (término que mi cohorte bohemia y yo, sólo uno de nosotros médico titulado, adoptamos para describir nuestras actividades para la curación de almas en los 60) que analiza las relaciones de poder entre las personas y cómo la gente oprime y enferma, o cooperan y se curan unos a otros.

Como psiquiatra radical, estoy interesado en qué manera los niños, los ancianos, las mujeres, hombres y personas de color, gays, pobres, en realidad todo el mundo se encuentra alienado de su poder y potencial. Estoy dedicado a explorar cómo el individuo alienado puede conseguir liberación y poder en el mundo en el nivel interpersonal y transaccional. También soy un guerrero emocional, que con métodos de entrenamiento en educación emocional lucha por liberar las emociones de la gente (incluyendo por supuesto las mías). Finalmente, la esencia de mi trabajo vital y mi motivación ha sido liberar el espíritu humano de sus grilletes —instintivos, personales o institucionales—. Por eso puedo llamarme a mi mismo, por encima de todo, un psicólogo de la liberación.

¿Cuáles son las premisas de la Psicología de la Liberación?

Nacemos con un potencial enorme. Con nuestro equipamiento genético individual, si somos expuestos apropiadamente y en el momento oportuno a los adecuados incentivos del entorno, podemos aprender a hablar diez o más idiomas, entrenar hasta convertirnos en gimnastas pasmosos, concertistas de piano, genios informáticos o, igualmente en personas felices y de largas vidas. Sin apoyo, y expuestos a experiencias traumáticas fatales, cualquiera de nosotros sin la gracia divina podemos ser reducidos a fallos abyectos, adictos sin esperanza, crueles criminales, y a vivir una corta y triste existencia.

Las ciencias psicológicas y evolucionarias no están tan avanzadas como para que puedan predecir o explicar exactamente las historias de la gente. La mayoría de las explicaciones y remedios son creados intuitivamente y están basadas en las creencias filosóficas de sus autores, de las que sólo una pequeña parte están confirmadas por la investigación.

Estas son mis principales creencias (basadas en la observación, la intuición y la investigación científica, y no necesariamente en ese orden):

1. Las personas nacen bien (OK). No todas las personas, admitámoslo, porque una pequeña minoría nace con terribles limitaciones emocionales, tales como una carencia innata de empatía o una severa enfermedad mental congénita. Pero la inmensa mayoría tiene tendencia a ser saludable, y cuando enferma, a curarse a si mismas, a amar y ser amadas, a experimentar emociones plenamente, a pensar de una forma ordenada cuando se le proporciona información correcta y se le ofrece un entorno saludable, y a vivir en armonía con los demás y con la naturaleza.

2. La interrupción de la base OK de las personas es el resultado de presiones externas, principalmente influencias sociales controladoras, transmitidas a través de las generaciones, que son interiorizadas por cada persona y traspasadas de nuevo; presiones que evitan que las personas exploten su pleno potencial.

3. La Mano Sanadora de la Naturaleza —*vis medicatrix naturae*— es un mecanismo innato de auto-curación que, si se le permite, tratará de reparar las interrupciones de nuestro sistema OK. La función de un curador es la de alentar y facilitar el efecto de la mano sanadora innata cuando las personas enferman o las cosas le van mal.

4. Una gran parte de las dificultades a las que las personas se enfrentan son debidas al trastorno de sus relaciones humanas. El análisis transaccional —análisis de transacciones— es la herramienta ideal con la que entender, rectificar y, si es necesario, interrumpir definitivamente las relaciones humanas disfuncionales.

COMO ILUSTRACIÓN

Dejadme daros un ejemplo de cómo mi forma de pensar se aplica a una de las afecciones humanas más comunes de nuestros tiempos: la depresión.

Donna, de 45 años, buscaba mi ayuda por una larga infelicidad, pérdida de apetito y de libido, insomnio, llantos frecuentes, y ocasionales ataques de ira y odio que habían sido diagnosticados como depresión crónica y tratados durante años al azar con una panoplia de antidepresivos y benzodiazepinas así como con varias psicoterapias, con resultados poco duraderos.

Como psiquiatra radical le pregunté a ella y me hice yo mismo la pregunta de qué era lo que la hacía estar tan triste e infeliz desde hacía tanto tiempo. En lugar de asumir que su depresión tenía quizá una base hereditaria o bioquímica oculta, busqué las circunstancias posiblemente opresivas que estaban causando su angustia emocional. Pensando en su implacable tristeza desde esa perspectiva, Donna explicaba que se sentía desesperadamente no amada por su marido y su familia e incapaz de quererles a ellos ni a nadie.

Como analista transaccional le sugerí y con su acuerdo hicimos un contrato para curarle su depresión. Desde entonces, nuestro enfoque semanal era su depresión y lo que podía hacerse para mitigarla. Exploramos sus relaciones y la ayudé a mirar dentro de los detalles de sus patrones de caricias con su marido, niños y amigos y analizamos los juegos obviamente repetitivos que generaban su tristeza. Descubrimos que ella tenía un poderoso Crítico Interno y una fuerte tendencia a jugar el papel de Víctima y ocasionalmente de Perseguidora en una variedad de juegos que eran habituales en su familia. Ella había dejado de recibir las caricias que quería, incluyendo las sexuales de su marido y tampoco era capaz de dar las caricias que tenía para los demás.

Como formador de educación emocional ayudé a Donna a investigar y expresar las caóticas emociones que dominaban sus experiencias, con particular énfasis en la tristeza así como con la ira y la desesperanza asociadas a ella. En lugar de asumir que ese caos era simplemente el resultado de una enfermedad mental o emocional, buscamos sus razones lógicas y buscamos remedios para ellas.

Como Psicólogo de la Liberación, la alenté a que se enfrentara y alejara a su Padre Crítico que interfería constantemente con su deseo de amar y ser amada a cambio. En lugar de asumir que ella no tenía poder en un círculo vicioso de desamor, le ofrecí las herramientas para liberarse de ello y la alenté y apoyé en su lucha, al tiempo que confiaba en que su naturaleza saludable hiciera el resto.

Como psicólogo científico, yo usaba hechos avalados por la investigación sobre la depresión, la limitada efectividad de la medicación, el valor del apoyo social y varias técnicas cognitivo-conductuales. En un año, me siento feliz de afirmar que Donna sintió que su depresión se había marchado y nos embarcamos en un nuevo contrato para buscar una nueva y provechosa carrera.

De esta manera el análisis transaccional, la psiquiatría radical, la educación emocional, la psicología científica y la psicología de la liberación están engarzados. El Análisis Transaccional Centrado en las Caricias y en la Información es la síntesis de estos enfoques: el corazón del asunto.

2. LA INVENCIÓN DEL CORAZÓN HUMANO*

Este capítulo es una versión editada de «La Creación del Concepto Amor; La Invención del Corazón Humano», conferencia central en el tercer Congreso de Salud en la Adolescencia, en el Royal College of Physicians de Londres en octubre de 2000. El texto completo está disponible en www.claudesteiner.com/meming.htm

Hemos llegado a un momento de nuestra evolución como seres humanos en el que experimentamos un cambio que afecta a toda la población mundial. Estamos experimentando un cambio que parte desde nuestra identidad como una especie jerárquica, territorial, intrínsecamente violenta y competitiva, a nuestra emergente identidad como una especie de otro tipo, una especie guiada por nuevos (o evolutivamente nuevos) motivos. Estos nuevos motivos son la protección, no del territorio, sino de nuestra descendencia e incluso de aquellos con quienes no estamos relacionados, y la supervivencia, no por medio de la eliminación de nuestros competidores, sino por la cooperación con ellos.

Este cambio evolutivo no es genético, aunque puede tener efectos genéticos sutiles, que se discutirán más adelante en este capítulo. Por ahora, baste decir que este cambio es una evolución «memética», una evolución del contenido de nuestras mentes, pasadas de generación en generación seguramente de modo parecido al que lo hacen los rasgos genéticos. Los memes, como los genes, transportan información,

* Traducción de Jesús Laguna Gómez.

pero a diferencia de los genes, que están en la estructura de cada célula de nuestro cuerpo, los memes son ideas en nuestras mentes: conceptos, a veces eternos, tales como Amor, Guerra, Matrimonio, Dios, Ciencia, Raza, Arte, y tantos otros.

Los genes se propagan a sí mismos por el acervo genético saltando de cuerpo a cuerpo, a través de generaciones, mediante el esperma y los óvulos. Los memes se propagan a sí mismos en lo que podríamos llamar el «acervo memético» saltando de cerebro a cerebro, horizontalmente en una generación y verticalmente de generación en generación. Lo hacen en forma de discurso oral y escrito (Dawkins, 1998). Hay millones de ideas persistentes que se han transmitido de generación en generación y que afectan profundamente nuestras vidas. Algunas son tremendamente persistentes, como Dios, Guerra, o Mal, y nos han estado afectando durante milenios. Otras son de corta duración pero muy poderosas, ya que dejan su rastro en la mentalidad colectiva antes de decaer. Algunos ejemplos de ello son Juana de Arco, The Beatles, las películas mudas, la depresión de los años 30, y G. W. Bush. Otros memes no son ni persistentes ni muy potentes, como Mónica Lewinsky, el *Macarena* de Los del Río, la dieta del Dr. Atkins o los restaurantes vegetarianos.

La información genética se transmite y evoluciona de un modo inexorable. Para detener una parte específica de la información genética y evitar que siga adelante, sería necesario matar o esterilizar a todos los miembros de la especie. La información memética es más frágil. Podría decirse que puede ser interrumpida cuando una cultura es borrada, o por un control del pensamiento tiránico. Por ejemplo, durante la época soviética, el Kremlin intentó erradicar la idea de Dios, y en consecuencia ahora en Rusia muchos son ateos. Sin embargo, muchos en la Rusia de hoy son fervientemente religiosos, a pesar de los esfuerzos soviéticos. Parece que los memes poderosos —como Dios, Libertad, Democracia, Igualdad— persisten y regresan sin importar cuán intenso haya sido el esfuerzo para erradicarlos.

El Amor es uno de esos memes persistentes; antiguo y potente. Pero probablemente sea cierto que, en la historia de la evolución humana, el meme (o el concepto) amor es de reciente aparición. Seguramente, mucho antes de que la gente hablara sobre el amor, ya estaban hablando sobre Comida, Refugio, Mio vs. Tuyo, Sol, Luna, Frío, Calor: todos ellos memes. ¿Cuándo se vuelve consciente la gente de que sentimos y estamos motivados por el amor? ¿Cómo se origina el amor como un concepto conscientemente tratado y por qué es tan persistente? Voy a argumentar que el amor, basado en el instinto afiliativo, tiene un sustento genético en la anatomía de los seres humanos —en sus cerebros, probablemente— y cómo el amor se ha convertido en un concepto, del cual se habla y escribe y canta. En otras palabras, el amor, como meme, se estableció a raíz de una realidad en el acervo genético. A la misma vez es probable que por su parte el meme «amor» haya causado cambios genéticos, cambios que se están haciendo evidentes ahora, como veremos.

LOS MEMES Y EL CEREBRO

Es probable que, como he dicho, la persistente evolución memética de la cultura, el idioma, las ideas y las aspiraciones produzcan cambios biológicos en paralelo. Es decir, a través de generaciones, el cambio memético fomenta el cambio genético, a través del mecanismo de selección de la «supervivencia del más apto» que afecta a toda forma de vida. En relación con el amor, las personas con una tendencia genética al comportamiento afectivo tendrán más probabilidades de sobrevivir y procrear en una sociedad afectiva y cooperativa. Así, la evolución de memes como Democracia, Paz, Cooperación, y Amor producirán cambios generacionales con sus correspondientes correlaciones anatómicas. Estos avances genéticos anatómicos otorgarán a aquellos con mayor capacidad de amor y afiliación una mayor capacidad adaptativa de supervivencia.

Como ejemplo, considera la continua evolución del concepto —meme— de los derechos civiles y el firme progreso social de dichos derechos. Esta evolución podría ser el resultado de patrones culturales minuciosamente aprendidos por cada persona de esa cultura y transmitido de generación en generación. Pero también podría ser el resultado de unos cambios anatómicos evolutivos, pasando el control de la conducta de una parte del cerebro (responsable de la dominación) a otra (responsable de la afiliación). Lo más probable es que ambos procesos estén en funcionamiento. Es posible que estemos desarrollando una propensión cada vez mayor a la igualdad de derechos. El arco de la historia parece indicar que se está produciendo ese cambio desde la dominación a la afiliación, lenta pero ciertamente.

El amor o el cariño es otro ejemplo de este tipo de cambios potencialmente paralelos, meméticos y genéticos. Describiré a continuación la hipótesis de que existe una parte del cerebro propensa a la dominación y a la violencia, jerárquica y territorial, la porción territorial del cerebro, así como una distinta, una parte propensa a la afiliación, la protección y la cooperación. Mi hipótesis es que, mundialmente, la propensión dominante está cambiando hacia la parte afiliativa del cerebro.

LA ANATOMÍA DEL AMOR: EL CEREBRO TRIUNO

En 1973 Paul MacLean, investigador científico en el *National Institute of Mental Health*[*], propuso que el cerebro está compuesto de tres subdivisiones que corresponden a tres épocas de evolución consecutivas: el reptiliano, el límbico y el neocórtex.

---

[*] *Instituto Nacional de Salud Mental*, en Estados Unidos. (*N. del T.*)

A estas tres partes del cerebro las llamó cerebro «triuno». Señaló que en los seres humanos, el neocórtex y el cerebro reptiliano están separados por una estructura de naturaleza diferente de esas dos. Esta zona del cerebro demarcada claramente fue denominada cerebro límbico (del latín *limbus* o frontera) por Paul Broca, que la descubrió en 1879.

Estas conclusiones, muy en boga desde hace algunos años, recientemente han sido cuestionadas por ciertos neurocientíficos quienes señalan que el cerebro no funciona como un conjunto de unidades funcionales independientes, sino como un conjunto de redes entrelazadas que evolucionan en estrecha relación las unas con las otras.

A pesar de estas objeciones, se puede decir, sin violar ningún dato neuro-anatómico, que las dos etapas evolutivas —reptiliana y límbica— son anatómicamente distinguibles, la una de la otra en el cerebro humano. El cerebro reptiliano y límbico son asimismo distinguibles del neocórtex, que se desarrolló en las últimas etapas de la evolución humana. Por ahora no está totalmente claro cómo interactúan exactamente, a pesar de la gran cantidad de investigación que sobre esta cuestión ha sido posible gracias a la reciente tecnología *MRI (Magnetic Resonance Imaging)*.

El cerebro reptiliano

El cerebro reptiliano, el primer conjunto neuronal altamente complejo que aparece en la historia evolutiva, soporta las funciones fisiológicas básicas: circulación, respiración, digestión, eliminación, apareamiento. También participa en la defensa, la agresión, y las emociones de ira y miedo. En el ser humano se encuentra sobre la médula espinal y se asemeja a la cabeza de un palo de golf siendo la columna vertebral el mango. Si bien ha evolucionado desde su forma original en lagartos y serpientes, realiza funciones similares y al mismo tiempo se comunica con los dos cerebros que se desarrollaron posteriormente, el límbico y el neocórtex (Lewis *et al.* 2000).

El cerebro límbico

Los reptiles aparentemente no se preocupan por sus crías y no tienen un repertorio de comportamientos de protección, por lo que las abandonan o incluso se comen sus propios huevos en el momento en que salen de la hembra. Una excepción son algunas especies de cocodrilo que protegen a sus crías hasta dos años después del nacimiento. También resulta que los cocodrilos son ejemplos avanzados de reptiles más parecidos a pájaros de sangre caliente que a otros reptiles. A medida que la evolución avanzaba y la protección de la descendencia se convertía en una estrategia efectiva de supervivencia, el cerebro límbico se desarrolló para cumplir esa función. La protección de los jóvenes —normalmante por medio de un territorio asegurado por un macho poderoso— es el propósito del cerebro límbico. (Lewis *et al.* 2000*)*. Esa protección requiere un vínculo afectivo (amor para abreviar), basado en un hambre de contacto y reconocimiento mutuo. Esta hambre de contacto («caricias» en terminología del análisis transaccional) mantuvo el vínculo entre parejas, entre madre e hijos y en menor medida, entre el padre y los hijos. Esto generó agrupaciones sociales estrechamente unidas, todo lo cual maximizaba la supervivencia de los jóvenes. Las emociones de amor, tristeza, celos, y esperanza tienen su origen en el cerebro límbico y pueden ser claramente observadas en las llamadas especies «superiores» tales como gatos, perros, caballos, simios y otros mamíferos, animales de sangre caliente.

El neocórtex

Anatómicamente, el cerebro límbico envuelve el cerebro reptiliano, y éste a su vez está envuelto por la corteza cerebral y el neocórtex. La corteza cerebral y el neocórtex son la parte ondulada del cerebro normalmente asociada a la imágen del cerebro. El neocórtex se ocupa de las funciones superiores de imitación: hablar, escribir, planificar, razonamiento simbólico y conceptualización. La evolución de un cada vez mayor neocórtex y por lo tanto un cerebro más grande excedió el tamaño del canal de parto de la madre y requirió que el humano naciera antes de alcanzar el pleno desarrollo del sistema nervioso. Esto a su vez exigió que se protegiera al recién nacido mientras el cerebro y sus funciones se desarrollaban a su mayor tamaño. La protección del entorno social generado por el cerebro límbico hizo esto posible.

Una vez que se establecieron las redes sociales necesarias para proteger el desarrollo de la corteza cerebral para que el cerebro evolucionara a su tamaño actual, la evolución memética fue posible. Esta evolución tomó la forma del desarrollo de ideas y del lenguaje, específicamente en relación con el amor materno, el amor entre el padre y la madre y entre los miembros del grupo social. En *A natural history of love*, Diane Ackerman (1994) hace una crónica de la evolución —desde los orígenes de Egipto hasta Romeo y Julieta— de las diferentes maneras en que los seres humanos han expresado la emoción del amor.

Por otra parte, paralela a la elaboración de la idea de afectividad, fue la elaboración de ideas y lenguaje de signo contrario, relativos a las emociones territoriales, jerárquicas, ofensivas y defensivas. El lenguaje, la poesía y la música sobre el miedo, los celos, la ira, la agresión y la guerra han tenido sus propios y fervientes partidarios. La idea de afectividad dio lugar a una miríada de expresiones: aventuras apasionadas, sagas familiares, novelas y canciones de amor, películas y obras de teatro románticas, manuales de cómo hacer el amor y cómo cuidar de los hijos. Ideas contrarias desarrollaron igualmente elaborados métodos de ataque y defensa territorial, así como las estrategias militares y armas, textos, academias militares y conceptos (patriotismo, nacionalismo) que acompañan el comportamiento contrario a la afectividad. Si uno compara las elaboraciones del filiativo meme amor con la elaboración opuesta, el meme odio, es difícil creer que el amor tenga algún tipo de oportunidad. Sin embargo, a pesar de los graves y constantes retrocesos, el amor parece mantenerse impertérrito, probablemente porque el cerebro límbico y la corteza cerebral son capaces de dominar sobre las actividades del cerebro reptiliano y, como afirma Leonard Cohen, a lo largo de la historia, el amor es el *único* motor de supervivencia.

Las funciones del neocórtex se aplican también a la modulación, e incluso modificación de las funciones límbica y reptiliana. El control racional de los impulsos de procreación, agresividad, protección y de vínculo afectivo, es una de las consecuencias de la evolución del neocórtex en los humanos. Sin embargo, como Joseph LeDoux señaló en *The emotional brain,* (1996) existe una clara asimetría en la forma en que estas dos partes del cerebro se afectan entre sí en el ser humano no instruido. Particularmente, los cerebros reptiliano y límbico tienen una gran influencia en el neocórtex haciendo posible que la excitación emocional domine y controle el pensamiento. Aunque los pensamientos pueden fácilmente disparar las emociones, no somos muy eficaces desconectándonos de las emociones. La modulación de las emociones es la tarea más difícil del neocórtex, un objetivo primordial de la educación emocional, lo que Berne llamó el control a través del Adulto.

ESTADOS DEL YO

Existe una correspondencia entre estos desarrollos teóricos del cerebro y un desarrollo paralelo en análisis transaccional. Un cuarto de siglo antes de que McLean postulara el cerebro triuno, Eric Berne presentó la teoría de los tres estados del yo. Inicialmente, Berne dividió el comportamiento de la gente (el *yo* en jerga psicoanalítica) en dos tramos: la arqueopsique, que llamó «el Niño» para abreviar y la neopsique, a la que llamó «el Adulto» (1961). El Niño estaba ligado a nuestra naturaleza emocional y el Adulto era racional y libre de emociones.

Berne supuso que los dos estados del yo, y más tarde un tercero al que llamó «el Padre», tenían representaciones anatómicas específicas en el cerebro; en particular, que el Adulto se localiza en el neocórtex, mientras que el Niño se encuentra en una parte más primitiva del cerebro. En un corto lapso de tiempo, propuso que los estados del yo pueden llegar a ser dominantes —uno cada vez— y pueden ser fácilmente reconocibles por una persona común.

Los pensamientos de Berne estuvieron profundamente influenciados por dos grandes tendencias científicas: la evolución y la neurociencia de su era. Aunque existe algún considerable desfase entre su teoría de los estados del yo y la teoría del cerebro triuno, también hay sugerentes similitudes. Recientemente, autores de psicología de la evolución han postulado que la mente se compone de «módulos» que han evolucionado debido a sus ventajas adaptativas. Estos módulos fueron inicialmente sugeridos por Noam Chomsky cuando propuso que existe una gramática genética innata en todos los seres humanos que genera todo el lenguaje humano (Chomsky, 1998). El módulo del lenguaje ha sido confirmado por los sucesivos avances en neurociencia y teoría evolutiva. Nuevos estudios han demostrado que existen módulos similares para muchos otros diferentes rasgos, como la forma en que procesamos la información visual o la forma en que tratamos la descendencia biológica. Steve Pinker, en su libro *The blank slate* (2002, Págs. 39-41), da una excelente explicación de los módulos mentales de la psicología evolucionaria. Los estados del yo son, a mi juicio, tres módulos bien definidos para ser reconocidos como parte de la caja de herramientas de las capacidades de adaptación del ser humano.

EL FUNCIONAMIENTO DEL CEREBRO TRIUNO

Permitidme dar un ejemplo que observé, de cómo podríamos especular que los tres cerebros operan e interactúan en los seres humanos:

Jaime es un padre cuidadoso y cariñoso. En un día ligeramente frío de otoño su hijo Pedro, de 17 años, está saliendo hacia la escuela. Jaime sugiere que se ponga algo que le abrigue más. Pedro no está interesado y declina educadamente: «Estoy bien».

El padre insiste «Vamos, pasarás frío y de esta manera puedes estar seguro de que irás cómodo».

«No, gracias», responde Pedro.

Jaime lo intenta de nuevo y se repite el rechazo de Pedro.

De repente, la cara de Jaime se enrojece. Su actitud cambia completamente. Se enfada bruscamente, y cogiendo a Pedro por el hombro, trata de ponerle el abrigo en el brazo. Pedro se resiste y ahora Jaime está furioso. «¡Te dije que te pusieras el abrigo, así que póntelo!».

Ahora Pedro también está enfadado. «¡Déjame en paz!». Agarra el abrigo y con una cara no muy feliz se va a la escuela. Jaime parece afectado, no ya enfadado sino triste y desolado.

Observé esta interacción y noté el repentino cambio de Jaime de una persona cariñosa y nutricia, a una crítica e intimidantemente perseguidora, el paso del control del comportamiento desde el límbico al reptiliano.

Le pregunté a Jaime cómo se sentía acerca de la interacción con su hijo. Estaba visiblemente alterado y en respuesta a mi pregunta, dijo: «Él no cuida de sí mismo, tendrá frío y no tendría nada que ponerse. Ahora, al menos lo tendrá».

«¿Te sientes mal acerca de lo que hiciste?» le pregunté.

Jaime reflexionó unos segundos y dijo de forma poco convincente: «No debería haberle gritado pero es la única manera de asegurarse de que estará abrigado». Después de pensarlo un poco más dijo: «Por supuesto, no estoy realmente seguro. De hecho, es probable que pierda el abrigo en vez de ponérselo».

Me miró tímidamente: «En realidad, está bastante claro que existe algo equivocado en la forma en que actué. Es un juego que jugamos mucho, yo trato de protegerlo y acabo tratándolo mal».

Dije: «Tal vez tiene la edad suficiente para tomar este tipo de decisiones por sí mismo. Puedes estar Rescatándolo, con la consiguiente e inevitable Persecución.»

Jaime pensativo respondió, «Sí, probablemente tienes razón. Trabajaré en ello».

«Para variar, podrías considerar la posibilidad de establecer el escenario para pedir disculpas por enfadarte esta mañana».

«Buena idea», dijo estando de acuerdo.

En este ejemplo:

1. El comportamiento límbico y protector de Jaime es rechazado por Pedro.
2. Esto desencadena el comportamiento territorial y dominante del cerebro reptiliano de Jaime.
3. Las tentativas de Jaime por el dominio desencadenan en Pedro su propia reacción reptiliana de enfado. Por último,
4. mi interrogatorio desde el neocórtex inhibe el comportamiento reptiliano de Jaime y provoca una respuesta racional y neocortical, y luego
5. una respuesta límbica, cooperativa y de disculpa.

VISIÓN DESDE EL ANÁLISIS TRANSACCIONAL

Desde la perspectiva del AT, podemos ver lo siguiente:

1. **Estados del Yo**. El estado del yo de Jaime cambia desde un Padre Nutricio a un Padre Crítico cuando Pedro rehúsa sus cuidados, desde Padre Crítico a Niño, cuando Pedro le rechaza, y de Niño a Adulto como respuesta a mis preguntas.
2. **Roles del Triángulo Dramático**. Jaime comienza como Rescatador, haciendo más de lo que le corresponde en una situación que afecta la salud de su hijo. Como era de esperar, como lo ilustra el Triangulo Dramático de Karpman (véase *Segunda Parte, Introducción*), pasa de Rescatador a Perseguidor y luego a Víctima cuando su hijo se vuelve contra él.

Cuando le encomiendo a un diálogo desde el Adulto, sale del Triángulo Dramático.

3. **Juegos**. Este es un juego de «Yo sólo estoy tratando de ayudar», una serie de transacciones repetitivas empezando como un intento de dar caricias útiles y termina en un intercambio de caricias negativas. Como es el caso en todos los juegos, contiene una «recompensa» existencial. La recompensa existencial en este caso es la reafirmación del guión de Jaime (una tradición en su familia) que clama por la alienación entre padre e hijo, con consecuencias a lo largo de toda la vida. Mi intervención se esfuerza en establecer el control del Adulto y opciones alternativas para un comportamiento futuro.

¿Puede el análisis transaccional incorporar los hechos del funcionamiento cerebral en su teoría?

El intento puede resultar ser algo así como el lecho de Procusto. Berne identificó el estado del yo Adulto con el neocórtex, por eso lo nombró neopsique. Llamó al Niño la arqueopsique, que puede estar ligeramente conectado con el cerebro reptiliano, y (aquí acaba la correspondencia con la neurociencia) llamó al Padre la exteropsique sugiriendo que el Padre es más algo aprendido que una función innata. Desde la perspectiva del cerebro triuno, el Padre (al menos el Padre Nutricio) es una función profundamente arraigada y evolucionada. Por otra parte, el Padre Crítico puede ser un estado del yo adquirido o puede tener su origen en el Niño reptiliano.

Atribuyendo diferentes orígenes a los tres estados del yo Berne estableció entre ellos una cierta relación intuitivamente atractiva: El Niño emocional primitivo e innato, el igualmente innato pero más reciente Adulto, racional, probador de la realidad, libre de emociones fuertes, y el Padre, más adquirido que innato.

A mi modo de ver en este momento, el sistema límbico puede estar mejor representado por el Padre Nutricio con sus funciones de protección y el sistema reptiliano por el Padre

Crítico con sus funciones territoriales y jerárquicas. Este punto de vista reconcilia de algún modo la evolución con la historia en la medida en que el desarrollo del cerebro límbico y la corteza cerebral es paralelo al abandono de la competencia y el patriarcado en la dirección de la cooperación y la democracia.

¿POR QUÉ TRES ESTADOS DEL YO?

Los estados del yo, tres de ellos, cada uno de ellos relevantes para un pleno funcionamiento no son sólo conceptos en nuestra teoría del análisis transaccional, sino sus iconos, sus emblemas. Incluso antes de la posible contradicción de su validez por la investigación, la gente se ha volcado con ellos, deseosos de destronarlos. ¿Por qué no dos estados del yo, por qué no cuatro, cinco u ocho o dieciséis, por qué no uno que integre todos?

Los estados del yo son conceptos de gran utilidad que facilitan de manera espectacular la comprensión de la conducta humana. Puede ser que, finalmente, tres estados del yo no sean teóricamente defendibles. Esto debería decidirse más por la investigación que por el debate.

Mientras tanto, el cerebro triuno y los tres estados del yo son un atractivo conjunto de teorías superpuestas que podrían disfrutar de un feliz matrimonio.

¿QUÉ TIENE QUE VER EL AMOR CON TODO ESTO?*

Como analista transaccional estoy interesado en los intentos cotidianos de las personas de conectar unos con otros: en el supermercado o en el banco, en conversaciones telefónicas o por correo electrónico, Twitters y blogs, mientras hacen el amor o discuten, comiendo en un restaurante o conduciendo, enseñando o siendo enseñados, hablando con contables o a

* Título de una canción de Tina Turner, *What's love got to do with it?* (N. *del* E.).

bebés. Los datos brutos de este análisis se encuentran en el flujo constante de transacciones diarias entre las personas. He estudiado las expresiones positivas y afectivas de reconocimiento que constituyen el vínculo, la confianza y la intimidad; en definitiva, la experiencia amorosa.

Ningún tema es tan común en boca de la gente, en canciones, en la TV y en las películas, en libros y pensamientos, y espero, en Internet, como lo es el amor. Uno podría pensar que con todo ese interés, el amor debería ser un tema fácil de explorar. Pero parece ser un problema. Diane Ackerman lo expresa bien en *A natural history of love*:

> Como sociedad nos avergonzamos del amor. Lo tratamos como si fuera una obscenidad. Somos reacios a admitirlo. Incluso decir la palabra nos hace bloquearnos y ruborizarnos. ¿Por qué deberíamos estar avergonzados de una emoción tan hermosa y natural? El amor es lo más importante en nuestras vidas, una pasión por la que lucharíamos o moriríamos y, sin embargo, somos reacios a usar su nombre (1994).

Los apasionados comentarios de Ackerman se refieren al amor romántico, sobre todo el amor entre un hombre y una mujer. De hecho casi todo lo que se ha dicho, escrito y cantado sobre el amor se refiere a esa reducida franja del mundo del amor; las relaciones adultas heterosexuales. Pero el amor en tiempo real, en el aquí y ahora, como lo sentimos, o dejamos de sentirlo, por igual o diferente sexo, abiertamente o de manera enrevesada, entrelazado con ira y odio, hacia nuestros seres «queridos», nuestros amigos, nuestros compañeros de trabajo o hacia nosotros mismos, el amor está demasiado a menudo plagado de conflictos y evasiones. La única situación en la que es fácil hablar de amor es desde la cima de la pasión sexual o cuando concierne a niños, pero incluso ahí está perdiendo terreno debido a los miedos generalizados sobre el abuso sexual. Con los niños por lo general podemos expresar libremente cariño, sinceridad, sentimientos de amor. Pero las barreras se alzan tan pronto como los niños llegan a lo que Freud llama el período de «latencia».

¿Con qué frecuencia un padre mira a su hija adolescente a los ojos, cara a cara y desde el fondo de su corazón, con los ojos brillantes, y le dice: «¡Te quiero!»?; ¿con qué frecuencia se abrazan de adultos un hermano y su hermana, sin vergüenza o temor a declarar su amor el uno para el otro? La prohibición del amor no es sólo una prohibición de hablar de él; entre los proyectos de investigación en psicología, el amor no es un tema de intensa investigación con la frecuencia que debería serlo. Como ejemplo, en el clásico libro sobre las emociones de Joseph LeDoux, *The emotional brain; The mysterious underpinnings of emotional life* (1996) sólo se menciona una sola vez el amor en su índice; este, por lo demás excelente primer capítulo del libro se llama «¿Qué tiene que ver el amor con todo esto?» una cuestión que nunca se aborda en el texto. En *Inteligencia emocional* (1996), el influyente libro de Daniel Goleman, hay veinte entradas en el índice en relación con la ira y sólo tres entradas sobre el amor, nuevamente en el capítulo 1, y ninguna más en el resto del libro. La *American Psychological Association*, en su «Número Especial sobre la Felicidad, la Excelencia y el Óptimo Funcionamiento Humano» de enero de 2000, informa de grandes avances realizados en la teorización e investigación del lado positivo de la experiencia humana. Alegría, optimismo, satisfacción y «el flujo»* captan la atención y la investigación; se menciona al amor pero con la boca pequeña y apenas se debate, y mucho menos es investigado por los expertos en la materia.

Sin embargo, el amor es un antidepresivo instantáneo, y un resultado seguro contra la enfermedad y la tendencia a morir. Uno de los principales investigadores de este hecho, el Dr. Dean Ornish, un médico formado en Harvard, reconocido por la revista *Life Magazine* como uno de los cincuenta

---

* Referido a *Flow*, de Mihail Csikszentmihalyi (*N. del E.*).

miembros más influyentes de su generación, dice en su libro *Love and survival*:

> [...] el amor y la intimidad están en la raíz de lo que nos enferma y lo que nos hace bien. Si un nuevo medicamento tuviera el mismo impacto [...] sería una negligencia no prescribirlo [...] No tengo conocimiento de ningún factor de la medicina —ni dietas, ni fumar, ni estrés, ni genético, ni fármacos, ni cirugía— que tenga mayor impacto en nuestra calidad de vida, en la incidencia de la enfermedad y la muerte prematura por cualquier causa (1998, Pág. 36).

EL CAMPO DE BATALLA DEL AMOR EN LA ADOLESCENCIA

En ningún sitio es tan evidente la contracorriente entre amor y violencia como en la adolescencia. La lucha entre estas dos grandes corrientes humanas: el amor frente a la violencia, la cooperación frente a la competitividad, el individuo frente a la familia o tribu, y que se está produciendo en todo el mundo, se refleja en todos nosotros cuando atravesamos la pubertad. Recuerdo, en mi adolescencia en México, lo doloroso que era el tema del amor para nosotros, simplemente no podíamos ni admitir tener algún tipo de afecto. Tenía un amigo íntimo, él y yo éramos prácticamente inseparables, pero no confesaríamos nuestra amistad ni siquiera a nuestras madres, y mucho menos a compañeros de nuestra edad. Cuando finalmente nos sentimos atraídos por una chica lo ocultamos por vergüenza a fin de que nuestros compañeros no se burlaran sin piedad. Al mismo tiempo, éramos libres de expresar el odio y la agresión, especialmente, e irónicamente, contra los Estados Unidos y su papel en la política mexicana.

En todo caso, la depresión adolescente, el suicidio y el homicidio son problemas serios en los adolescentes en los cuales confluyen el amor y el odio. Kipland Kinkel, un chico de quince años de Oregón que en 1998 mató a sus padres y, a continuación, fue a su escuela y mató a dos e hirió a otros veinticinco, escribió lo siguiente antes de su ataque de locura:

> Necesito ayuda. Hay una persona que podría ayudar, pero ella no quiere. Tengo que encontrar a alguien más. Creo que la amo, pero ella nunca podría amarme [...] precisamente hoy le pedí que me ayudara. Me tumbó, siento como si me hubieran sacado el corazón y me lo hubieran hecho añicos [...] Le di todo lo que tengo y ella simplemente lo tiró [...] Cada vez que veo su cara una flecha atraviesa mi corazón. Creo que ella dirá que sí pero no es así. Ella dice «No lo sé» (1999).

En respuesta a una pregunta escolar sobre el amor a primera vista Kipland escribió:

> El amor es un plan malvado para hacer que la gente compre alcohol y armas de fuego. Cuando amas a alguien, siempre te quita algo [...] es más fácil odiar que amar [...] no creo en el amor a primera vista. Pero creo en el odio a primera vista [...] (el amor) hace más daño que bien [...] el amor es algo horrible. Hace que se mate y se odie (1999).

No son muchos los adolescentes que matan como lo hizo Kipland, pero sus terribles sentimientos sobre el amor y el odio no son inusuales. «El Amor —como canta Stevie Wonder— está hoy necesitado de amor».

LA EVOLUCIÓN DEL AMOR

La evolución de los conceptos relacionados con el amor se ha ido acelerando desde que Jesús de Nazaret hizo del amor el centro de su doctrina. Hay un gran salto entre Jesús y el bardo, pero la contribución de Shakespeare fue igualmente esencial según Harold Bloom en *Shakespeare; the invention of the human* (1998). Romeo y Julieta, con dieciséis y catorce años aún no cumplidos, se han convertido en un ejemplo de amor adolescente en su forma más radical. Se encuentran en un baile una noche, antes del amanecer declaran su amor eterno el uno por el otro, se casan al día siguiente, y han muerto en dos semanas. Esta historia se ha convertido en una guía, un estándar «memético» del amor romántico.

Muchos en las diferentes artes han escrito y hablado suficiente y elocuentemente como para promover el amor como un meme refinado y de gran alcance. En las ciencias, Eric Berne hizo una importante contribución a la potencial cuantificación del amor cuando propuso las caricias como la unidad de reconocimiento (1964, Pág. 15). Con el desarrollo del análisis transaccional proporcionó un método para estudiar el intercambio de afecto y aversión. (Las caricias positivas son unidades de reconocimiento positivas o afecto, como en «me calmas y me consuelas» y caricias negativas son las unidades de reconocimiento negativo o aversión, como en «eres una piedra en el zapato»).

LOS ENEMIGOS DEL CORAZÓN

Como analista transaccional veo todos los aspectos de la salud reflejados en las transacciones de las personas. Además, creo, como psicoterapeuta, que el camino real para la recuperación y la salud es el análisis y corrección del comportamiento transaccional. Esto es especialmente cierto cuando se trabaja con patologías de las relaciones y la forma en que el amor puede ser desgarradoramente corrompido desde su potencial como fuerza vital.

Berne habla de que las personas están necesitadas de reconocimiento —hambre de reconocimiento— y de cómo las personas transaccionan para satisfacer esa necesidad. Berne observó también que la gente asume ciertos patrones transaccionales repetitivos a los que llamó juegos. Etiquetó estos juegos con nombres reveladores tales como «¿Por qué no?; Sí, pero...», «Ya te tengo hijo de perra», «Hazme algo», «Schlemiel», «Violación» o «Alboroto» (1964).

Los juegos se juegan desde el estado del yo Niño, muchas veces disfrazado de un adulto y en la mayoría de los casos, pienso, para obtener caricias. Cada vez que iniciamos un juego el Niño interno espera obtener un reconocimiento o caricias positivas, pero ese propósito se frustra cada vez, y en lugar de caricias lo que obtenemos es reconocimiento negativo o transacciones odiosas. Jugamos juegos porque estamos hambrientos de amor o reconocimiento positivo y en su lugar acabamos recibiendo odio. A pesar de ello, perseveramos porque necesitamos el reconocimiento, e inocentemente mantenemos nuestras esperanzas.

La necesidad motiva al organismo a actuar. Conocemos las necesidades de agua, alimentos, actividad, sexo, y sabemos que estar privados de cualquiera de ellos motivará un esfuerzo rotundo para cubrirlas. Berne denominó a la necesidad de reconocimiento «hambre de reconocimiento» (1964), lo cual he renombrado como «hambre de caricias». Hace años llegué a la conclusión de que la gente en su conjunto no sólo está periódicamente hambrienta de caricias, sino que de manera crónica está realmente muerta de hambre de caricias; es decir, que la mayoría de la gente está en un estado constante de privación de caricias. El hecho es que al igual que podemos estar muertos de hambre por la comida, podemos estar muertos de hambre de caricias. Una persona hambrienta buscará alimentos de cualquier forma, e incluso si tiene bastante hambre comerá alimentos en mal estado. Lo mismo sucede con las caricias; las buscaremos ávidamente, y si no las podemos obtener buenas vamos a conformarnos con las malas, y esto puede ser nuestra ruina.

3. EL AMOR, LA ECONOMÍA DE CARICIAS Y EL PADRE CRÍTICO*

¿Por qué está la gente hambrienta de cariño? Comencé a plantearme esta cuestión al final de la década de los 60. Antes de descubrir la razón, escribí una historia: *El cuento de los peluches cálidos*, que parecía dar una explicación. Incluyo a continuación una versión ligeramente modificada del cuento, escrito en 1969:

EL CUENTO DE LOS PELUCHES CÁLIDOS

*Había una vez, hace mucho, mucho tiempo, unos padres muy felices, Tim y Maggie, que tenían dos hijos, John y Lucy***.

En aquella época feliz, a todo el mundo se le daba al nacer una pequeña bolsita llena de Peluches Cálidos. En cualquier momento, uno podía meter la mano en su bolsa y sacar uno. Cada vez que alguien recibía uno de estos Peluches, sentía un gran bienestar y un calorcillo que le recorría todo el cuerpo. Siempre que uno quisiera podía dirigirse a otra persona y decirle «Me gustaría que me dieras un Peluche». Todo el mundo se pedía Peluches Cálidos todo el tiempo, y como se daban con total libertad, no había problema para conseguir todos los que uno quisiera. Había para todos, por lo que todo el mundo estaba sano y contento, y se sentía bien y calentito.

Muy cerca vivía un brujo que hacía pociones y ungüentos. El brujo estaba muy enfadado porque todo el mundo estaba feliz y nadie compra-

---

* Traducción de Susana Arjona Murube.

** Los nombres de los personajes están inspirados en Tim Leary, John Lennon, la protagonista de la canción *Lucy in the sky with diamonds*, de The Beatles, y en una amiga personal del autor (*N. del E.*).

ba sus productos. Como era muy listo, ideó un perverso plan. Una bonita mañana se acercó a Tim sigilosamente mientras Maggie estaba jugando con su hija, y le dijo: «Mira Tim todos los Peluches que Maggie le está dando a Lucy. Si sigue así, pronto se quedará sin ninguno para ti».

Atónito, Tim se volvió hacia él y le preguntó: «¿Quieres decir que no habrá un Peluche Cálido en la bolsa siempre que queramos uno?». A lo que el brujo respondió: «Por supuesto que no, y una vez que se acaben, eso es lo que hay, no hay forma de conseguir más». Con esto, se marchó riendo a carcajadas.

Tim se tomó muy en serio lo que el brujo había dicho y comenzó a preocuparse cada vez que Maggie le daba un Peluche Cálido a otra persona, pues le gustaban mucho y no quería quedarse sin ellos. Empezó a quejarse y enojarse cada vez que veía a Maggie dando Peluches, y como ella le quería mucho, dejó de hacerlo tan a menudo, reservándole a Tim la mayoría de sus Peluches.

Los niños observaron esto y pronto aprendieron que no estaba bien dar Peluches Cálidos cada vez que se los pidieran o les apeteciera. Se volvieron más cautos. Y aun cuando había un Peluche en la bolsa cada vez que lo buscaban, empezaron a hacerlo cada vez menos, y se volvieron tacaños y celosos.

Antes de que el brujo apareciera la gente solía reunirse en grupos de tres o cuatro, sin importarles demasiado quién le daba un Peluche Cálido a quién. Ahora todo el mundo empezó a emparejarse y a reservar sus Peluches exclusivamente para su pareja. Muy pronto se extendió el malestar y el frío. Algunos empezaron a marchitarse e incluso hubo quien se murió por falta de Peluches Cálidos. Cada vez más gente iba a casa del brujo a por sus pociones y ungüentos, aunque éstos apenas parecían funcionar.

En fin, la situación se estaba poniendo muy fea. El brujo en realidad no quería que la gente enfermara demasiado y muriera (ya que una vez muertos no comprarían sus pócimas y ungüentos), así que ideó un nuevo plan. Entregó gratis a todo el mundo una bolsa, que se parecía a la de los Peluches Cálidos, pero que a diferencia de éstas, estaba fría, y contenía Espinas Frías. Desde entonces cada vez que alguien pedía un Peluche, la gente, preocupada por si se quedaba sin ninguno, tenía la posibilidad de entregar en su lugar unas Espinas Frías. A veces dos personas se acercaban la una a la otra esperando obtener un Peluche Cálido, pero una de las dos, o las dos, se arrepentían en el último momento y sacaban una Espina en lugar de un Peluche.

Aunque habían tenido la esperanza de encontrase bien, acababan encontrándose mal. Pero algo es mejor que nada y además, de alguna forma las Espinas parecían impedir que la gente se marchitara. El resultado final es que cada vez eran menos los que se morían y la mayoría de la gente tenía frío y se sentía desgraciada e irritable.

Así que desde la llegada del brujo cada vez había menos Peluches Cálidos, y éstos, aunque eran gratis como el aire, se volvieron un bien extremadamente preciado. Esta situación provocó que la gente hiciera todo tipo de cosas para obtenerlos. Aquellos que no encontraban una pareja generosa se vieron obligados a trabajar muchas horas para ganar el dinero necesario para comprarlos. Otros, con más éxito social, recibían Peluches Cálidos sin tener que dar ninguno a cambio. A su vez vendían sus Peluches Cálidos a aquellos que no tenían tanto éxito y que los necesitaban para sobrellevar la vida. Había quien recubría sus Espinas con plástico esponjoso y los daba gratis, aunque esto era bastante desagradable, como se puede imaginar. La situación era muy, muy deprimente y todo porque el brujo había hecho creer a todo el mundo que cuando menos lo esperasen, se quedarían sin Peluches Cálidos en sus bolsas.

No hace mucho, una mujer muy especial llegó a esta tierra caída en desgracia. Nunca había oído hablar del brujo y no estaba en absoluto preocupada por la posibilidad de quedarse sin Peluches. Tenía caderas y pechos generosos y daba Peluches Cálidos con total libertad, incluso aunque no se los hubieran pedido. Muchos, aún bajo el hechizo del brujo, estaban sorprendidos por este comportamiento, que no aprobaban, y la criticaban porque estaba transmitiendo a los niños la idea de que no había que preocuparse por quedarse sin Peluches Cálidos. Sin embargo los niños la querían mucho porque se sentían bien con ella, y comenzaron a seguir su ejemplo y a darse Peluches Cálidos cada vez que les apetecía.

El brujo observó que la gente comenzaba a despertar de su hechizo y a darse cuenta de que había suficientes Peluches Cálidos para todos y que no eran necesarias pócimas ni ungüentos para ser feliz. Llenos de alegría salieron a la calle para celebrarlo. El brujo envió a su guardia para restablecer el orden, y para meter en la cárcel a aquellos que regalaran libremente sus Peluches Cálidos sin licencia. Pero a medida que se corrió el rumor, cada vez más gente salía a la calle para unirse a los bailes y celebraciones. La resistencia se extendió por todas partes, y probablemente sigue en algún lugar muy cerca de donde tú vives. ¿Tendrá éxito el brujo y seguirá vendiendo sus pócimas y ungüentos, o se dará cuenta la gente de cuán abundantes son los Peluches Cálidos si se dan con total libertad? Si quieres, y espero que así sea, puedes ayudar dando y pidiendo Peluches Cálidos siempre que te apetezca, y siendo generoso y amando tanto como puedas.

FIN

Pueden leer la versión completa en forma de libro (1977) traducida a catorce idiomas en mi página web*. La historia ha sido reproducida en innumerables ocasiones, con frecuencia sin mi nombre, e incluso ha dado lugar en el idioma inglés a la frase «*warm and fuzzy*», utilizada a menudo en los medios.

También, hoy en día hay un movimiento internacional de caricias que se está documentando en www.youtube.com bajo la denominación «abrazos gratis» («*Free Hugs and Warm Fuzzy*») y donde me pueden escuchar leyendo este cuento en inglés.

En la vida real nos encontramos con caricias en lugar de Peluches y con una serie de normas, «la economía de caricias» (Steiner, 1971), en lugar de las mentiras del brujo.

LA ECONOMÍA DE CARICIAS. DEFINICIÓN

La economía de caricias consiste esencialmente en una serie de prohibiciones que, como en la maliciosa estrategia del brujo, evita que la gente ame y sea amada.

Me referiré con frecuencia a la economía de caricias a lo largo de este libro. Por el momento sólo quiero esbozar cuá-

* www.emotional-literacy.com

les son sus mandatos, y en qué consiste el Padre Crítico, cuyo refuerzo de estas reglas nos impedirá obtener las caricias que necesitamos.

Las reglas de la economía de caricias son:

- Si hay una caricia que te gustaría dar, no la des.
- Si hay una caricia que te gustaría recibir, no la pidas.
- Si recibes una caricia que te resulta agradable, no la aceptes.
- Si recibes una caricia que prefieres rechazar, no la rechaces.
- No te des caricias a ti mismo.

Cuando toda una población obedece uno o más de estos mandatos, el resultado es que se produce una drástica reducción de caricias positivas y se extiende la escasez de caricias. Cuando la gente está hambrienta tiende a ser sumisa, a estar deprimida, desesperada, a ser obediente, y lo que es aún más importante, ante la escasez tiende a aceptar caricias negativas, antes que no recibir caricias en absoluto.

LA ECONOMÍA DE CARICIAS. HISTORIA

Al final de la década de los 60, unos cuantos disidentes de la guerra y yo, todos profesionales relacionados con la salud mental, creamos el Centro RAP* en la *Berkeley Free Clinic* y nos aplicamos en lo que llamamos una Aproximación Radical a la Psiquiatría. Se trataba de un movimiento de protesta contra los abusos de la psiquiatría, tal como se practicaba entonces. (Yo era psicólogo, no doctor en medicina, pero utilizábamos una definición alternativa de psiquiatría, «curación del alma», coherente con su etimología griega: *psyche*; alma, y *iatreia*; curación).

Mientras me preguntaba por qué la gente presentaba tantas dificultades en su intercambio de caricias, Hogie Wyckoff

---

* En inglés, *Radical Approach to Psychiatry*, de ahí las siglas del centro. (*N. de la T.*).

me mostró las ideas de Wilhelm Reich sobre la «economía del sexo». Reich acuñó esta expresión en la década de los años 30, cuando los Nazis dominaban el panorama social en Alemania. Según Reich, si, de acuerdo con Freud, la represión sexual es la causa de la neurosis, el remedio sería una vida sexual activa y sin sentimiento de culpa. En su libro *La revolución sexual* (1936), Reich sostiene que el fascismo es un síntoma de represión sexual y que los Nazis controlaban intencionadamente las relaciones sexuales entre los jóvenes alemanes para que éstos comulgaran con sus postulados fascistas. Como medio preventivo para no caer en esta economía del sexo, Reich creó la Asociación Socialista para la Orientación e Investigación sobre Sexualidad. Ni que decir tiene que estos centros fueron disueltos en cuanto Hitler llegó al poder.

Aunque había ideas válidas en la línea argumentativa de Reich, a mi parecer, no era acertado centrarse sólo en la sexualidad. Hogie y yo identificábamos en nuestra cultura una tendencia similar a la inhibición en relación con el afecto y las manifestaciones de aprecio, a la que denominamos «economía de caricias». Inicialmente compartíamos el punto de vista de Reich de que ambas «economías» eran tramas capitalistas para someter a la independencia y libertad juvenil, pero finalmente consideré esta idea excesivamente paranoide, si bien —como suele ocurrir en la mayoría de los delirios paranoides— veía que había una parte de verdad. El hecho de que en los mismos años 60 existieran estas reglas en relación con el sexo y el amor (por ejemplo leyes contra la homosexualidad, represión contra las parejas que se besuqueaban, leyes contra el sexo oral, etc.) y de que estas reglas se vieran reforzadas, a veces de forma violenta, incluso con intervención de la policía u otras fuerzas gubernamentales, daba a nuestra fantasía del capitalismo fundamentos reales.

Las reglas de la economía de caricias se ven reforzadas tanto internamente como de forma externa. Internamente mediante el Padre Crítico, un conjunto de ideas arraigadas, adquiridas en la infancia, que afectan profundamente a la forma en que nos amamos y amamos a los demás. Estas ideas pueden ser contempladas como principios fascistas inculcadas por nuestros mayores, o de forma menos paranoica, como poderosos mandatos que dan forma a cada una de nuestras experiencias emocionales de acuerdo con unos patrones arcaicos. La desobediencia a estas reglas tiene como consecuencias dolorosos sentimientos de ansiedad, culpabilidad, vergüenza y menosprecio hacia uno mismo.

Externamente, las reglas de la economía de caricias, se manifiestan en las llamadas buenas costumbres sociales, reforzadas por el rechazo social. A veces, como en el caso de la homosexualidad, las reglas han sido brutalmente impuestas y sancionadas legalmente durante milenios. Estas leyes siguen aprobándose, incluso hoy en 2009, contra el matrimonio homosexual en EEUU, por ejemplo. Mientras, en Irán, tambien como ejemplo, el hombre homosexual o la mujer adúltera siguen siendo castigados con la pena de muerte.

A medida que la gente —intimidada por estas sanciones internas y externas— sigue las reglas de la economía de caricias tan ampliamente implícitas en nuestra cultura, el resultado es la disminución del intercambio de cariño y en consecuencia un hambre de caricias generalizada. El resultado final es que nuestra capacidad innata para amar, y sus consiguientes beneficios para la supervivencia, están resultando cada vez menos disponibles. Al mismo tiempo, están proliferando los patrones culturales del cinismo y la soledad (véase *Bowling alone*, de R. Putnam), que se están situando como obstáculos para nuestras capacidades y habilidades para amar.

LA CIUDAD DE LAS CARICIAS

Como parte del programa del Centro RAP, comenzamos una serie de grupos de «contacto» en los que se enseñaba a los participantes los principios del análisis transaccional tal como se aplica a las relaciones de cooperación. El grupo de contacto más popular que resultó de este trabajo fue «la Ciudad de las Caricias».

«La Ciudad de las Caricias» se reunía en el Centro RAP tres tardes por semana. Durante dos horas, una veintena de personas se reunían en un oasis emocional en el que podían «mandar a paseo la economía de caricias», intercambiando y procurándose caricias en un medio seguro y protegido. El líder del grupo examinaba cada transacción. Su trabajo consistía en asegurarse de que las caricias fueran positivas y no estuvieran ensombrecidas por ningún tipo de crítica, explícita o encubierta. En caso necesario, el líder ayudaba a los participantes a corregir sus transacciones para tener la certeza de que las caricias deseadas eran recibidas y aceptadas. Este seguimiento transaccional y proactivo fue una mejora importante sobre lo que estaba en boga en ese momento: talleres en los cuales se expresaba una sensiblería de amistad dudosa y poco cuidada. La mejora consistía en que las caricias que se intercambiaban quedaban despojadas de cualquier aspecto negativo, por sutil que fuera, y en que eran facilitadas, y aceptadas o rechazadas con total libertad.

Pronto vimos que había un efecto secundario. Los participantes con frecuencia miraban a su alrededor y decían, como en trance, que «amaban a todos los que estaban en la sala». Muchos se iban de estas reuniones con el paso ligero, y radiantes de felicidad y amor, experimentando lo que Freud (1969) llamaba un sentimiento «oceánico». Este sentimiento casi religioso de calidez y apertura del corazón en el grupo era de hecho un aspecto de la resonancia límbica emocional.

RESONANCIA LÍMBICA

La resonancia límbica es el mecanismo psico-biológico fundamental, responsable de la empatía entre individuos y también del comportamiento grupal de las multitudes. La resonancia límbica funciona a través de las neuronas espejo (ubicadas en el cerebro límbico) cuya función parece ser la de reflejar el estado emocional de otros. La resonancia límbica genera unanimidad emocional con los demás miembros de un grupo, sea respecto a sentimientos de amor, esperanza, enfado o miedo. Esto explica por qué alguien generalmente pacífico puede volverse violento o incluso asesinar a alguien cuando se encuentra en una multitud. También explica el efecto que tiene la Ciudad de las Caricias en sus miembros.

Al principio consideré que los participantes estaban excitados de una forma similar al entusiasmo que se puede experimentar cuando vamos a un partido de fútbol en el que nuestro equipo gana. Aunque no estaba del todo equivocado, tras un análisis más concienzudo parecía claro que estos ejercicios tenían un efecto más significativo y profundo en el estado emocional de los participantes que el dado en un estadio deportivo. Los participantes hablaban de sentimientos de amor, de haber abierto sus corazones y de una experiencia trascendental de afecto y amor universal. Lo que había comenzado como un ejercicio grupal para practicar cómo ser cooperativo y positivo respecto a otros, resultó tener profundas consecuencias límbicas. La inmersión en un entorno de caricias positivas, limpias de cualquier sentimiento negativo de enfado o miedo, amplificado en cada individuo por sus neuronas espejo, afectó a la capacidad de amar de los participantes, de una forma muy poderosa y expansiva. Fue entonces cuando nos dimos cuenta de que aprender a intercambiar caricias positivas podía afectar a la capacidad afectiva global. También descubrimos la actividad omnipresente del Padre Crítico.

EL PADRE CRÍTICO

Las caricias nos dan poder. Por tanto, para mantener el control sobre otros, el Padre Crítico está especialmente interesado en impedir que obtengamos estas caricias. Cuando intentamos dar, pedir o aceptar caricias, con frecuencia experimentamos una ansiedad extrema, a veces paralizante, vergüenza e incluso odio hacia uno mismo. Hay quien oye una voz interna que dice «No mereces todo este alboroto. ¿Cómo te atreves a pedir algo tan raro?» o «Esto es una tontería, te pondrás en ridículo; cállate» o «Nadie está interesado en saber cómo te sientes». Otros simplemente se sienten llenos de ansiedad o pudor cada vez que dan, aceptan o reciben una caricia. Frente a la oposición de semejante Padre Crítico, son muy pocos los que son capaces de intercambiar caricias fácilmente.

Cuando buscamos las caricias que necesitamos, el Padre Crítico nos dice que no estamos bien, y que no merecemos amar ni ser amados. Nos amenaza con la humillación, el ridículo y el sentimiento de culpa. En una palabra, nos aterroriza con el peor de los males: la exclusión del grupo, el ser abandonado al relente, totalmente alienado. Aunque la mayoría disfrutaba de la Ciudad de las Caricias y se marchaba sintiéndose bien, siempre había algunos que se sentían mal, rechazados, temerosos o dolidos. Estaba claro que habían sucumbido a los ataques del Padre Crítico.

EL PADRE CRÍTICO AL DESCUBIERTO

- En una sesión de la Ciudad de las Caricias, Luis se da cuenta de que quiere dirigirse a un hombre que está sentado enfrente de él para halagar su aspecto masculino. Inmediatamente oye una voz interior que le dice «¿Pero qué te pasa? ¿Quieres que piensen que eres marica?». Reprime su deseo y pasa la tarde rumiando la situación mientras el resto del grupo intercambia caricias. Cuando se le pregunta si quiere recibir o dar alguna caricia, se niega. Se marcha pensando que todo el ejercicio es asqueroso, y sintiéndose muy triste y enfadado.
- En una animada conversación en clase, el profesor le hace una pregunta a Marga. Ella está convencida de que todos son más listos y más cultos que ella. Teme que su profesor descubra que es un fraude y su mente se queda en blanco mientras su cuerpo se congela de pánico. No puede responder a la pregunta aunque tiene una respuesta excelente.

- Antonio oye voces interiores cada vez que se relaciona en el trabajo: «¿No ves lo raro y lo torpe que eres? ¡Todo el mundo lo nota!».
- Siempre que Carlota hace una llamada telefónica para ofrecer los servicios de su empresa el corazón se le dispara y siente un miedo paralizante. Aun así ha desarrollado un mecanismo de defensa para parecer calmada y segura de sí misma. Padece dolores de cabeza constantes como consecuencia del estrés que le causan estas situaciones.
- Cada vez que Leo se acerca a una mujer que le gusta, tiene una reacción emocional irrefrenable al prever que hará el ridículo. Es incapaz de mostrar afecto y de pedir el afecto que desea en una relación.
- Liliana tiene miedo de todo: de que la comida sea nociva, el aire insalubre, la gente peligrosa y de que alguien la aceche y la viole. Pone en práctica una serie de pasos para sentirse segura, que le ocupan muchísimo tiempo y se ve obligada a limitar radicalmente sus actividades.
- Daniel se despierta casi todas las noches y pasa horas dando vueltas en la cama fantaseando sobre problemas y cosas desagradables que podrían ocurrirle al día siguiente. Aunque sus miedos no se realizan, Daniel es incapaz de controlar estos pensamientos de fatalidad. Con frecuencia está cansado y soñoliento durante el día en su sofisticado y ambicioso trabajo.
- Sara está siempre triste. De vez en cuando llora sin razón de forma incontrolada y está convencida de que está condenada a una vida infeliz. Pone buena cara y tiene periodos en los que se encuentra bien y que le dan esperanzas.
- Diana se suele comparar físicamente con otras mujeres. Ignora a aquellas que según su criterio no son tan atractivas como ella, y se centra en las que son «mejores». Tiene sentimientos de inferioridad continuamente y está obsesionada con su cuerpo —el peso, el pecho, las caderas, las piernas, el pelo, la piel— y con las revistas sobre moda.

ENCANTADO DE CONOCERLE, ESPERO QUE ACIERTE MI NOMBRE*

Ha recibido tantos nombres como el propio Demonio. Casi todos los sistemas psicoterapéuticos le dan un nombre distinto; el Superyó duro, el diálogo intrapersonal negativo, expectativas catastróficas, baja autoestima, fobia social, odio a uno mismo, pensamientos negativos, el protector punitivo, opresión interiorizada, el Crítico Interior, el Alter, la Bestia, el Padre Cerdo, el Padre Crítico, etc. Los psicoterapeutas reconocen la importancia de este fenómeno casi universal; esa voz interior que nos dice una y otra vez a tantos de nosotros en los buenos y en los malos momentos, susurrando al oído o a gritos, desde la infancia hasta la senectud, cuando estamos haciendo las cosas bien o las estamos haciendo mal, que nuestra vida es mediocre y carente de esperanza (o inútil), que no estamos bien, que somos estúpidos o malos o feos, o que estamos locos o enfermos, condenados, o que somos raros.

El Padre Crítico comienza como una influencia externa, impuesta por aquellos que tienen poder sobre nosotros cuando somos niños. Son sobre todo los padres, pero también otros parientes así como los profesores, vecinos y, muy importante, otros niños, cuyos juicios de valor tienen poder sobre nuestro bienestar natural cuando somos jóvenes. Los niños acaban dándose cuenta de que el sentirse cómodos, y a veces incluso sus posibilidades de supervivencia, dependen de su capacidad de aceptar lo que se les dice sin protestar. Cuando así lo hacen, dejan de pertenecer a la categoría de seres humanos libres y autónomos y se ven esclavizados por normas e ideas externas. Aceptar y aprehender estas ideas externas condiciona nuestra supervivencia psicológica cuando somos niños. De esta forma, el Padre Crítico puede perpetuar la falacia de que es nuestro aliado y de que hace lo que

* Proviene de la letra de *Sympathy for the Devil* de The Roling Stones (*N. del E.*).

hace para ayudarnos. Lo cierto es que con semejante amigo, ¿quién necesita enemigos? La presencia constante de este fenómeno diluye la vida de la mayoría de nosotros, se la arruina a muchos, y coarta la capacidad para tener éxito y ser productivos de todos nosotros. Incluso si un individuo escapa al control del Padre Crítico, padecerá el efecto corrosivo de los Padres Críticos ajenos.

Un psicoanalista identificaría las voces internas de Antonio como el Superyó duro, las premoniciones de fatalidad de Leo serían expectativas catastróficas para un terapeuta racional-emotivo, la infravaloración de sí misma de Marga se podría llamar baja autoestima. Los ataques de pánico de Carlota podrían ser denominados reacción fóbica. Un terapeuta cognitivo diría que las incertidumbres de Daniel son obsesiones, y los miedos de Liliana, diálogo intrapersonal negativo. A Sara le sería diagnosticada una depresión profunda. Aquellos que defienden los trastornos de personalidad múltiple dirían que el afán que tiene Diana de menospreciarse es su *alter* punitivo; los psicólogos académicos, lo hubieran llamado autocrítica patológica. A todos los fenómenos mencionados se les llaman pensamientos apestosos en el programa de los Doce Pasos.

Habrá quien piense que estas situaciones de agonía son resultado de trastornos y enfermedades mentales, como la depresión, los trastornos obsesivo-compulsivos, las sociopatías, etc. Yo defiendo que son variaciones de la actividad ejercida por el Padre Crítico.

Todas las situaciones descritas, sacadas de la realidad cotidiana, pueden ser contempladas como el resultado de un conjunto de patrones mentales o ideas que han calado muy hondo en nuestra vida emocional individual. El poder de estas ideas puede ser no-verbal, reflexivo y estar somáticamente interiorizado, o bien puede presentarse como una voz salvaje y brutal que ha sido llamada el Padre Cerdo. Cuando se trata de una voz crítica pausada pero persistente e implacable, ha recibido el nombre de Crítico Interior; cuando aparece como una evaluación «racional» constante, el Padre Crítico; cuando se percibe como una presencia silenciosa y deprimente, el Enemigo. Todos estos fenómenos comienzan a una edad temprana, como influencias externas poderosas de personas que son importantes en nuestras vidas, y que terminan por dirigirla una vez que las aprehendemos e interiorizamos.

No se suele reconocer la existencia de estas ideas negativas interiorizadas y no está bien visto el llamar la atención sobre las mismas o discutir sobre ellas. Piensen lo siguiente: en los regímenes políticos más tiránicos, se prohíbe a la gente mencionar el nombre del tirano. ¿Por qué? Porque el no poder hablar de aquello que nos oprime limita nuestra capacidad de combatirlo. Además, si no podemos poner en común con los demás cómo funciona la tiranía, será más fácil convencernos de que la causa de nuestros males somos nosotros mismos.

Ser capaz de hablar libremente del opresor es el primer paso hacia su derrocamiento. Lo mismo ocurre con nuestro opresor interno; es importante ser conscientes de que nos amarga la vida y llamarlo por su nombre. En este libro llamaré a este peculiar demonio que nos hace desgraciados, el Padre Crítico, el Enemigo, o el Crítico Interior. Usen estos nombres con total libertad, o invéntense otros, pero denle algún nombre a esta influencia maligna y hablemos del tema.

El Padre Crítico se adquiere en el pasado y lo podemos eliminar como influencia en nuestro presente. Para ello hay dos cosas que debemos hacer: una de ellas cognitiva (cambiar nuestra forma de pensar) y la otra es conductual (alterar las interacciones cotidianas que sirven de cimiento a los pensamientos de odio hacia uno mismo).

El obstáculo cognitivo más importante a la hora de hacer frente al Padre Crítico es que la mayoría cree que éste tiene una misión legítima: la de ayudarnos a seguir en el buen camino, evitar que cometamos errores, guiar nuestras decisiones, aconsejarnos sobre nuestros defectos. También se confunde al Enemigo con nuestra consciencia, ese núcleo de nuestra alma que nos recuerda aquellas obligaciones legítimas que tenemos como seres humanos. Sin embargo, a diferencia de nuestra consciencia, que se basa en el amor a uno mismo y hacia quienes nos rodean, la misión del Enemigo Interno es la de minar los lazos de afecto interpersonales. Si no somos conscientes de su verdadera naturaleza, tenderemos a creer que el Enemigo Interno es beneficioso y que merece que lo tomemos en serio y sigamos sus indicaciones.

A veces el Enemigo consigue crear la ilusión de que derramar sus tóxicas ideas es en realidad un signo de distinción, como en el caso del escritor bohemio alcohólico autodestructivo que se ve a sí mismo como un trasgresor iconoclasta que dice verdades como puños o el psicópata sexual carente de moral que se jacta de sus conquistas y cultiva un glamoroso sentido malévolo.

Además, ciertos teóricos del análisis transaccional han desarrollado el concepto de «Padre Crítico Positivo» para refutar mi teoría de que el Padre Crítico es siempre negativo. El argumento es que los niños necesitan la retroalimentación y el poder que ejerce sobre ellos el Padre Crítico en su educación para asegurarnos de que no se meten en líos. Mi respuesta es que cuarenta años de experiencia con tres hijos y seis nietos, así como el testimonio de innumerables lectores y adeptos, me dicen que una crianza protectora a través de el Padre Nutricio y una crítica desde el Adulto son suficientes para esos propósitos. El Padre Crítico simplemente sobra a la hora de criar a los hijos en una sociedad democrática y de cooperación.

Ensalzar o defender al Padre Crítico le conferirá poder al otorgarle la apariencia de apoyo del Adulto; al contrario, creo que debemos deshacernos de él de una vez por todas. Respecto al obstáculo conductual, sólo podemos salvarlo mediante la determinación deliberada y consciente de combatir las prohibiciones del Padre Crítico. En el Capítulo 10 explicaré con detalle los métodos que usamos para ayudar a la gente a librarse del Padre Crítico.

El Enemigo Interno es sobre todo el enemigo del amor. Está consagrado a asegurarse de que no sólo no nos amemos a nosotros mismos, sino que tampoco amemos a los demás. Y si no amamos a los demás, nadie nos amará a nosotros. El crear lazos y afectos debilita invariablemente el control que el Enemigo ejerce sobre nosotros. Por tanto, una primera acción contra el Padre Crítico es la de amar y permitirnos que los demás nos amen. Por eso el amor es el antídoto del veneno que vierte el Padre Crítico.

Estas ideas pueden ser profundamente impactantes para algunos. Quien actúe contra las normas establecidas como esenciales para la supervivencia de una determinada cultura y abogue por amar de forma indiscriminada tanto a uno mismo como al prójimo será tachado de estar mal de la cabeza, de ser impío, infiel o pecaminoso, de estar peligrosamente cerca del comunismo y será merecedor de la más dura oposición. Ésa ha sido a menudo la reacción a la liberación democrática y no debería sorprender a nadie.

El mensaje básico del Padre Crítico es:
NO ESTÁS BIEN

- Eres malo (pecaminoso, vago, malvado, etc.).
- Eres tonto (retrasado, incapaz de pensar ordenadamente, confuso, etc.).
- Estás loco (mentalmente, emocionalmente, fuera de control, irracional, etc.).
- Eres feo (feo de cara, tienes mal tipo, eres viejo, etc.).
- Estás enfermo (débil, enfermo, estás contaminado, etc.).
- Estás condenado (sin esperanza, eres autodestructivo, etc.).

POR LO TANTO

- No serás amado y
- Serás excluido de la tribu.

Las anotaciones del asesino adolescente Kipland Kinkel constituyen un ejemplo dramático (los comentarios entre paréntesis sobre el Padre Crítico son míos):

> Malditas sean estas voces que oigo en mi cabeza. Quiero morirme, quiero desaparecer [...] soy ridículo. La gente se reiría de mí si leyera esto. Odio que se rían de mí [...] Os odio a todos. Porque todo lo que toco se convierte en mierda (condenado) [...] Si tuviera un corazón, sería gris [...] Mi frío y negro corazón no ha sentido y nunca sentirá verdadero amor (condenado) [...] ¿Por qué no soy normal? (enfermo, raro) Ayudadme. Nadie lo hará. Os mataré a todos, hijos de puta (1999).

¿De dónde proviene este Padre Crítico? ¿Por qué existe esta presencia retorcida que ensombrece nuestros sentimientos de amor en lo más íntimo de nuestro fuero interno? El Padre Crítico es el producto de un proceso evolutivo que emana del instinto de dominación y de territorio de nuestro cerebro reptiliano. Estos instintos reptilianos han persistido en nuestras diferentes fases evolutivas tanto de mamíferos como de homínidos, y han desembocado en el patriarcado, un sistema de dominio del hombre sobre la mujer, del poderoso sobre el débil, de aquellos en periodo de madurez sobre la infancia y la senectud.

El Padre Crítico refuerza este sistema de dominación que es el patriarcado. La amenaza más drástica final para quienes cuestionen este sistema es la exclusión de la tribu y la muerte; la pérdida completa del amor de aquellos que nos protegen. El amor es el objetivo específico del control patriarcal porque desafía y pone en peligro su dominación. Este dominio, personificado en el Padre Crítico, es el antagonista del amor; en lugar de una cooperación afectiva y una negociación, de un amor directo y empático, el Padre Crítico insiste en mantener juegos de poder, mentiras y secretos.

El Patriarcado ha minado el potencial colectivo de la humanidad, y no ha tenido alternativa hasta el advenimiento de la democracia. Desde que emergieron las primeras formas imperfectas de democracia, el principio de que todo el mundo nace con iguales derechos, especialmente el derecho a desarrollar libremente su potencial, ha ganado cada vez más vigencia. Aun imperfecta tal y como es la democracia en su estado presente, es el mejor sistema que poseemos para permitir a cada persona tener la oportunidad de desarrollarse plenamente. Éste es el marco histórico para las ideas que ofrezco aquí, ideas que pretenden ayudar a la gente en su labor de realización personal.

MIENTRAS, EN LA CIUDAD DE LAS CARICIAS

Volviendo a los efectos límbicos de la Ciudad de las Caricias, he mencionado que no todos los participantes compartían un resultado positivo. El Padre Crítico se entrometía en las experiencias de algunos de ellos interfiriendo así con la respuesta límbica del grupo y minando la capacidad potencial del grupo de crear lazos y de intercambiar caricias.

Para proteger a los participantes de las transacciones que podían provocar o sustentar la actividad del Padre Crítico, decidí comenzar cada reunión con un acuerdo llamado «contrato de cooperación», mediante el que los participantes y el líder se comprometían a no permitir ni acometer, bajo ninguna circunstancia, ningún intento de manipular o entrar en juegos de poder con nadie del grupo. También se requería de forma específica que nadie hiciera nada que no quisiera sinceramente y se prometía que el líder no permitiría ninguna transacción proveniente del Padre Crítico. Por último, pedí a los participantes que precedieran sus transacciones (como en el ofrecimiento de una caricia) de una solicitud de permiso para asegurarse de que el interlocutor la deseaba y estaba receptivo ante lo que iba a venir.

Estos contratos, diseñados para proteger al grupo del Padre Crítico y facilitar una seguridad emocional, lograron reducir drásticamente el número de personas que se sentían mal, durante y después de las reuniones. La ausencia de transacciones mediatizadas por el Padre Crítico propició la resonancia límbica y la comunidad de sentimientos de confianza y seguridad entre los participantes, facilitando por tanto los efectos potenciadores de amor del ejercicio.

Sigo poniendo en práctica el ejercicio de la Ciudad de las Caricias, mejorado y con el nuevo nombre de «Abriendo el Corazón», como parte del programa de educación emocional que esbozo en mi libro *Educación emocional*, del cual, una tercera parte está dedicado a enseñar a las personas transacciones simples y básicas de amor: amar y ser amado recíprocamente.

ABRIENDO EL CORAZÓN (TEORÍA)

La pregunta recurrente es: «¿Cómo recuperar nuestra capacidad de amar y cómo desarrollar habilidades afectivas?».

En su vanguardista obra *A general theory of love*, Thomas Lewis *et al* establecen de forma muy convincente que el cerebro límbico es la sede del sentimiento afectivo. Escriben sobre las bases genéticas del desarrollo afectivo y sobre cómo se establece, durante los primeros días de vida del recién nacido, cuando la capacidad se está desarrollando, un sistema, abierto entre la madre y el niño, en el que su conexión límbica les afecta profundamente y de forma recíproca. Esta modificación neural mutua es más poderosa para el niño pequeño cuando es completamente receptivo para desarrollar y establecer las bases de lo que serán sus patrones afectivos.

Los patrones afectivos se establecen en la infancia; sin embargo, las relaciones posteriores en las que un individuo establece una resonancia límbica con otro, pueden reestructurar modelos límbicos dañados en etapas previas de la vida. Lewis *et al* concluyen que esto es posible a largo plazo mediante psicoterapia individual con un terapeuta que deberá ser a todas luces, un dechado de virtud límbica. Yo llegué a las mismas conclusiones por un camino muy diferente. En primer lugar, trabajé con grupos, en los que la resonancia límbica se desarrolla de forma diferente a como lo hace en psicoterapia individual. Basándome en gran medida en la intuición y en un proceso de ensayo-error metódico, depuré el formato original de la «Ciudad de las Caricias» para incluir lo que podríamos llamar facilitadores de la resonancia límbica —los monitores de educación emocional que lideraban y moderaban el ejercicio— y terminé por darle un nuevo nombre al ejercicio «Abriendo el corazón».

El objetivo sigue siendo el de derrotar la economía de caricias, ayudar a la gente a que satisfaga su hambre de caricias, y enseñarles cómo obtener lo que más anhelan: amar y ser amados. Pero el ejercicio reestructura considerablemente las experiencias vitales de los participantes a un nivel mucho más profundo del que cabía esperar. En los últimos veinte años he llegado al convencimiento de que se pueden producir efectos positivos y duraderos en los patrones límbicos, mediante ejercicios específicos de análisis transaccional centrados en el comportamiento transaccional afectivo y en sus consecuencias emocionales.

Probablemente el lector se preguntará cómo la práctica de unos cuantos ejercicios transaccionales pueden crear algo tan transcendente como la capacidad de amar sincera y duradera. Comprendo su escepticismo, pero mi propuesta no es ninguna alquimia psicológica que convierta en oro unas pocas transacciones rutinarias. Mi experiencia es que el amor es un poderoso impulso capaz de buscar y encontrar satisfacción cuando se lo fomenta y facilita. Lo que prometo es que estos ejercicios de apertura del corazón, practicados con frecuencia, en un entorno seguro y con tanta gente como sea posible —pero al menos con otra persona empática y que esté dispuesta a colaborar— liberará el amor encerrado en nuestros pechos. Dar y recibir caricias nos llevará a abrir las rejas de la cárcel; el resto depende de ese irresistible poder de la naturaleza humana, que está al alcance de todos: el Amor.

Dada la resistencia masiva y profundamente arraigada que encontramos, puede ser especialmente difícil de creer que sea posible conseguir esto sin años de ayuda intensa por parte de un experto. Sin embargo el amor es como un muelle, dispuesto a expandirse cuando descubrimos la forma de liberarlo de sus cadenas y cultivarlo a medida que crece. Todos y cada uno de nosotros puede aprender a dar y a recibir amor. Abriendo nuestro corazón de forma sistemática a los demás, en un entorno de confianza y seguridad, podemos aprovechar plenamente nuestro potencial emocional. Ése es el objetivo de la educación emocional.

ABRIENDO EL CORAZÓN (LA PRÁCTICA)

A la hora de poner en práctica los ejercicios de apertura del corazón, simplemente animo a la gente a desafiar a la economía de caricias de la siguiente forma:

- Pidiendo permiso y
- Entregando la caricia que quieren dar,
- Pidiendo y aceptando las caricias que desean,
- Rechazando las caricias que no quieren recibir y
- Dándose caricias a uno mismo.

Los grupos de formación proporcionan la base de seguridad que estos procesos requieren de un medio escrupulosamente despojado de hostilidad o coerción mediante acuerdos de cooperación diseñados para facilitar una experiencia segura. Un formador capacitado lidera estos ejercicios, se asegura de que los acuerdos se mantengan y ayuda al grupo a analizar las interacciones, transacción por transacción. Además, el formador anima a los participantes a tomar consciencia de la presencia del Padre Crítico, poniéndolo de manifiesto y desmontándolo de forma prioritaria para que sus mensajes no interfieran con el proceso. Esto proporciona una atmósfera de confianza y apertura que da a los participantes la oportunidad de dar y recibir amor en un entorno de resonancia límbica que anima a abrir el corazón de una forma fundamental.

Abriendo el Corazón es la primera fase de los ejercicios de educación emocional. Más adelante exploraremos la segunda: *Examinar el Panorama Emocional*, y la tercera, *Asumir la responsabilidad.* Si se practican durante algún tiempo, estos ejercicios de educación emocional realmente pueden transformar a la gente, haciéndola más capaz de dar y de recibir amor. Los ejercicios constituyen una depurada técnica para construir y reconstruir la capacidad afectiva de una persona. Como si se tratara de un sofisticado régimen alimentario, en el que debemos aprender qué, cuándo y cuánto comer o no comer, el objetivo de este régimen de caricias también se refiere a nuestra salud en el ámbito emocional. Combinado con un programa de meditación u otras terapias encaminadas a la reestructuración de los sentimientos de baja autoestima, tan frecuentemente asociados a la carencia de caricias, estos ejercicios pueden transformar la calidad del amor y de la intimidad de la vida de una persona.

4. AMOR Y PODER*

¿A qué se debe que la recuperación de la capacidad humana de amar requiera tal concentración de esfuerzo si es, como afirmo, una poderosa fuerza, dispuesta a salir adelante por sí misma? La razón es que se halla bajo un ataque masivo y represor. Para el ojo no entrenado, el amor es una emoción muy simple y elusiva, buscada por algunos, temida por otros, que existe en los corazones de la gente en función de su experiencia previa. ¿Por qué motivo habría de ser objeto de una supresión específica? ¿Para protegernos del trastorno que puede ocasionar en nuestra vida, de cómo puede «enredarte», o si vamos al caso por lo bien que te hace sentir? Esto es lo que con seguridad va a afirmar el Padre Crítico.

Pero el amor es más que una fuente cotidiana de buenos o malos sentimientos. El amor es una importante fuerza motivadora, que interactúa en el complejo campo del poder humano. El amor es una fuerza de acción colectiva en nombre de la libertad y poder de las personas. Ello explica por qué se dan desde antiguo un esfuerzo e inversión de tal enfoque y persistencia para suprimir el instinto amoroso y evitar su libre expresión.

¿Estoy diciendo que existe una conspiración contra el amor? La respuesta es que sí, porque minar las relaciones de amor de una persona y los procesos de amor y afiliación de una sociedad es una manera muy efectiva de mantener el poder y el control. Amar y ser recíprocamente amado es la fuen-

---

* Traducción de Enrique Sánchez Arredondo y Agustín Devós Cerezo.

te de un impresionante poder personal y social, mientras que estar solo y sin amor es equivalente a ser impotente. El objetivo es mantener a la gente impotente frente al control de otros.

Es raro reconocer el impresionante poder del amor, no ya cuando ocurre entre dos personas enamoradas, sino más ampliamente, cuando ocurre en familias, grupos sociales, e incluso en naciones. Aun así, cuando intentamos entender el poder del amor nos quedamos cortos, puesto que apenas comprendemos ni el amor ni el poder.

He hablado de educación emocional como un conocimiento sofisticado de las emociones —entre ellas el amor como la más importante— y de los métodos prácticos de gestionarlas por los seres humanos. Una educación similar, la educación sobre el poder, se aplica a la comprensión del poder personal.

Antes de abordar el poder del amor, investiguemos sobre el concepto mismo de poder. La definición de poder que voy a usar aquí, y que se aplica a todas las ciencias, físicas y psicológicas, es:

Poder es la capacidad de crear cambio a pesar de una resistencia, o de resistirse a un cambio no deseado.

Tenemos poder cuando podemos conseguir lo que buscamos y evitar lo que no queremos. Somos impotentes cuando no podemos lograr lo que queremos y no podemos resistirnos a lo que deseamos evitar, especialmente cuando no podemos resistirnos al poder y comportamiento opresor de otros.

El poder y sus efectos, como el aire que respiramos, nos rodea constantemente. Sabemos que el poder de otras personas nos zancadillea y sabemos que abusamos de nuestro propio poder. Desencadenamos un impresionante poder con un golpe de acelerador o el apretón de un gatillo, sentimos el penetrante poder de los ojos de la gente. Se habla, se escribe y se canta acerca del poder, caballos de potencia, el poder del pueblo, juegos de poder, hambre de poder, y especialmente del poder del amor. Oímos y leemos acerca del poder y aún así no lo entendemos realmente. No entendemos cómo opera, cuándo es beneficioso o perjudicial, dónde empieza y acaba, o cómo conseguirlo, mantenerlo, ceder ante él, o cómo luchar contra él.

LA POLÍTICA DEL PODER

El poder en el campo humano ha sido incorrectamente definido como la capacidad de controlar a otros. La definición de poder como nada más que control es parte inherente de nuestras dificultades con el poder porque no reconocemos las muchas maneras de ser poderoso más allá de la parcela del control. El control, aun siendo claramente una manifestación de poder, se basa en quitar poder a otros. Cuando el poder se expresa en forma de control es equivalente a opresión. El control de muchos por parte de unos pocos sería así nuestro concepto fundamental de poder. Pero el poder personal es más que la mera capacidad de manipular o controlar a otros. En el Capítulo 8 exploro por encima las variantes del poder. Desde mi punto de vista hay siete fuentes de poder: Equilibrio, Pasión, Amor, Comunicación, Información, Trascendencia y, sí, Control. Atendiendo a las siete logramos una comprensión más completa y positiva del poder que cuando sólo reconocemos al Control.

El poder, como el amor, nunca ha ocupado un lugar principal en la teoría psicológica. Aunque es con certeza uno de los factores clave que afectan al comportamiento humano, se lo ha ignorado. Una larga lista de temas y de fenómenos han reclamado y conseguido atención e importancia en uno u otro momento, tales como el inconsciente, la autoestima, la sexualidad, los guiones, traumas infantiles, el orgasmo, los complejos, los bloqueos, la represión del grito primigenio, traumas de pre-parto y nacimiento. No ha sido ése el caso con el poder.

El poder tenía una presencia importante en el pensamiento de Alfred Adler (1999). Adler, junto con Wilhelm Reich, fue un miembro politizado del grupo ampliamente apolítico de seguidores de Freud. El concepto de la importancia del poder no fue recibido con entusiasmo ni dentro ni fuera de los círculos psicoanalíticos, puesto que hablar del poder como una variable del comportamiento humano no sólo es una afirmación de tipo científico, sino también un acto político. El intento de dar al poder su propia importancia dentro de los asuntos de la humanidad con seguridad tiende a provocar una confrontación política. La historia de la ciencia está repleta de ejemplos de conceptos o variables válidas a las que, como el concepto de poder, se les rechazó reconocimiento durante décadas. Sólo después de una intensa batalla por parte de sus defensores y contra una fuerte reacción, estas variables ganaron finalmente aceptación científica, largo tiempo después de existir evidencia de su validez.

Un horroroso ejemplo es el de Ignaz Semmelweiss, quien en 1847 descubrió, décadas antes de definirse la teoría de los gérmenes, que la altísima tasa de mortalidad por fiebre puerperal post-parto en los hospitales infantiles era propagada por los médicos de los paritorios. El remedio que propuso, que simplemente hubiera requerido que los médicos se lavasen las manos entre los partos, se consideró una afrenta a la profesión médica, que fue ridiculizado y combatido por los médicos durante décadas, incluso después de probarse su efectividad. Mientras tanto, Semmelweiss falleció en un manicomio, presumiblemente a causa del dilema de vida o muerte al que fue arrastrado por su descubrimiento. De forma similar, la teoría heliocéntrica del universo de Galileo, contraria a la interpretación literal de las Escrituras, ofendió y supuso un reto a los patriarcas de la Iglesia, cuyo instrumento punitivo, la Inquisición, le obligó a retractarse bajo amenaza de tortura y muerte, y lo condenó a arresto domiciliario durante el resto de su vida.

La supresión de las ideas también se aplica al concepto de poder. Parece que la investigación y debate sobre el poder en el comportamiento humano amenaza de forma similar el estatus profesional en las ciencias del comportamiento. Mi propia experiencia en el movimiento del análisis transaccional es que las teorías sobre el poder son ignoradas o incomprendidas por los responsables de formación, aunque los sistemas formativos utilizados son sensibles al abuso de poder e intentan evitarlo. Al mismo tiempo, no es sorprendente la fuerte resistencia al concepto del Padre Crítico y a su, en mi opinión, poderosa e irremediablemente indeseable naturaleza.

El proceso de dilucidar la realidad por medio del método científico requiere un gran esfuerzo, pero si la investigación encuentra resistencia por motivos personales y políticos, el proceso es doblemente arduo. Dado que la investigación sobre el poder inevitablemente lleva a desvelar abusos de poder, la gente con poder reacciona con la mayor resistencia. Cuando aquellos que tienen poder intentan comprender su alcance, deben comenzar por tomar consciencia de las dimensiones de su propio poder, y por tanto de su potencial abuso de poder. Esto es cierto en el caso de la psiquiatría y psicoterapia, en los que es posible que los profesionales que están acostumbrados a una posición de poder se sientan incómodos por este tipo de investigación. Dado que también tienden a ser personas de convicciones liberales, es probable que utilicen el poder de maneras amables, discretas, ocultas y sean doblemente resistentes a reconocerlo. Investigar el poder, por tanto, es a la vez un acto científico y político, y a veces incluso una actividad revolucionaria y peligrosa.

JUEGOS DE PODER

En su búsqueda de poder, la gente intenta controlar toda clase de asuntos en el mundo. Cuando tratamos de dominar a otros, usamos una familia de transacciones a las que llamo juegos de poder.

Los juegos de poder son transacciones diseñadas para llevar a otros a hacer algo que preferirían no hacer, o para evitar que otros hagan lo que quieren hacer.

En gran medida somos inconscientes de cómo funciona el poder porque estamos inmersos en él y forzados a aceptarlo, sus usos y abusos desde los primeros momentos de nuestras vidas. Tras vivir nuestros primeros años bajo la sumisión rutinaria al poder de otros, adoptamos de forma natural roles opresivos cuando crecemos. La aceptación de los desequilibrios y abusos de poder está inserta en nosotros por la experiencia de una vida de jerarquías y competencia.

El abuso de poder puede adoptar dos formas principales: física y psicológica. El abuso de poder se puede expresar en formas sutiles y también burdas. Imaginemos, como ejemplo, que estás sentado en un banco que yo deseo ocupar en una zona soleada de un parque. Si puedo quitarte del sitio, habré manifestado mi poder. Si soy lo suficientemente fuerte, puedo ser capaz de empujarte o de levantarte del asiento. Este es un ejemplo de poder físico burdo. Por otra parte, puedo tener el poder psicológico de levantarte de tu asiento sin usar la fuerza física.

El poder psicológico depende de mi capacidad de dirigir tu energía para provocar que hagas lo que no quieres hacer, hacer que abandones el banco por ti mismo. Todas las técnicas de poder psicológico dependen de la obediencia. Te puedo intimidar para que abandones tu asiento, o puedo convencerte con halagos. Puedo provocar que me cedas el asiento creándote sentimientos de culpa. Puedo acosarte con amenazas, o con el simple volumen de mi voz. Puedo seducirte con una sonrisa, o con una promesa, o puedo convencerte de que abandonar tu asiento es imprescindible para la seguridad nacional. Puedo liarte, timarte, o colarte una mentira. En cualquier caso, si supero tu resistencia a abandonar tu sitio sin usar la fuerza física, he usado una maniobra de poder psicológica, un juego de poder, que se basa enteramente en la obediencia por tu parte.

Si imaginamos un campo de dos dimensiones en el que un eje es el continuo burdo-sutil y el otro eje es el continuo psicológico-físico, podemos dividir todos los juegos de poder en cuatro cuadrantes.

BURDO

FÍSICO | PSICOLÓGICO

I. Burdo y Físico	**II. Burdo y Psicológico**
asesinato violación encarcelamiento tortura golpear empujar dar portazos	insultos elevar la voz tonos amenazantes interrumpir enojarse ignorar mentiras descaradas
III. Sutil y Físico	**IV. Sutil y Psicológico**
tocar abalanzarse invadir el espacio tomar del brazo hacer a alguien sentarse o levantarse dar palmaditas en la cara o en la cabeza ocupar un espacio visible	lógica falsa humor sarcástico descontar «actitud» mentiras por omisión publicidad propaganda

SUTIL

FIGURA 1. Juegos de Poder

Cuadrante I. Juegos de poder burdos y físicos: asesinato, violación, tortura, prisión, alimentación y medicación forzadas, inanición, asalto, lanzar cosas y dar portazos son, de manera burda y física en orden descendiente los juegos de poder de este cuadrante.

Cuadrante II. Juegos de poder burdos y psicológicos: Tonos y miradas amenazadores, insultos, mentiras descaradas, enfados evidentes, interrupciones, redefiniciones evidentes y descontar, son ejemplos de juegos de poder burdos pero en cualquier caso psicológicos (pues no suponen fuerza física).

Cuadrante III. Juegos de poder sutiles-físicos: Más difíciles de definir que los juegos de poder físicos más burdos descritos arriba, estas maniobras de control dependen no obstante del uso del cuerpo y la musculatura. Mantenerse elevado con respecto a los otros, sentarse detrás de una mesa, quedarse en un lugar destacado de una habitación, situarse muy cerca de alguien, invadir el espacio personal, sutiles entonaciones de la voz. Estos juegos de poder son de especial interés para las mujeres, ya que los hombres a menudo los usan con ellas.

Cuadrante IV. Juegos de poder sutiles-psicológicos: Mentiras sutiles, omisiones, enfados, humor sarcástico, metáforas negativas, cotilleo, pseudo-lógica, y el mas sutil y psicológico juego de poder: publicidad y propaganda.

En mi libro *El otro lado del poder* (1981) se puede encontrar una descripción de la gran variedad de juegos de poder que usan las personas, y también se puede descargar de mi página web.*

La mayor parte de la opresión o del abuso de poder que experimentan las personas es de naturaleza psicológica. Por lo general, la gente, incluso en los entornos más violentos, no experimenta juegos de poder físicos directamente. Pero la violencia física los rodea y esta bajo la superficie, respaldando el abuso de poder psicológico. Esto es especialmente cierto en el caso del abuso y violencia contra mujeres y niños. Por

---

* www.claudesteiner.com/osp.htm. Editada una versión actualizada por Ed. Jeder.

ejemplo: un episodio violento por parte de un varón maltratador es suficiente para mantener a su mujer e hijos aterrorizados y alerta durante meses o incluso años. Durante ese tiempo, sus tonos y miradas amenazadoras son suficientes para recordarles la última experiencia violenta y mantenerlos sumisos.

La manifestación última de opresión psicológica se puede encontrar en la «mentalidad de esclavo». La mentalidad de esclavo es un estado mental en el que el motivo del abuso es aceptado e interiorizado de forma que una persona acepta las circunstancias opresoras de su vida e incluso defiende a sus opresores contra cualquiera que los critique. El caso clásico es el de la esposa maltratada que defenderá y justificará, y no emprenderá acciones en contra ni abandonará a su brutal marido cuando eso sería lo mas seguro.

Un caso más común y menos perfecto de opresión psicológica interiorizada ocurre cuando la gente se siente responsable de las consecuencias de los abusos de poder que hay en sus vidas. Como ejemplo, la gente extremadamente trabajadora se sentirá culpable por el hecho de que no les llega con el dinero que ganan, o que no pueden permitirse ropa y zapatos dignos para sus hijos, o porque no pueden encontrar un trabajo razonable.

En la Psiquiatría Radical, cuando por primera vez conceptualizamos el mecanismo por el que nos confabulamos e interiorizamos nuestra opresión lo denominamos el «Padre Cerdo». La expresión «Padre Cerdo» era un termino coloquial adecuado para los tiempos anti-guerra y anti-policía sugerido por Hogie Wyckoff. Pretendía representar todos los pensamientos, creencias, actitudes, atribuciones y prohibiciones que las personas llevan en su cabeza y que ayudan a nuestros opresores al convertirlos en nuestros propios carceleros. Por ejemplo, en el caso anterior de la mujer maltratada, sufre calladamente indignidades sin fin y las acepta, incluso aunque en su corazón sabe la verdad. Lo hace porque su Padre Cerdo le recuerda constantemente, susurrándole literalmente en los oídos, que una buena esposa obedece y no contradice a su marido. Cualquier insinuación de autocompasión se encuentra con el mensaje de su Padre Cerdo: «No seas quejica; sé una buena esposa».

La denominación de Padre Cerdo se criticó desde varias perspectivas, así que la cambiamos por el término Padre Crítico. El concepto de Padre Crítico, si bien no tan dramático ni tan apto emocionalmente como el de Padre Cerdo, en cualquier caso hacía la misma función. Sea cual sea el nombre que se le dé, por esta auto-opresión servil e interiorizada un número bastante pequeño de personas pueden oprimir a millones sin más que levantar ocasionalmente un dedo o dar un puñetazo para reforzar su abuso. Está claro que una gran parte de nuestro trabajo consiste en deshacerse del Padre Crítico, nuestra opresión interiorizada, ya que es responsable de nuestra tendencia profundamente asentada de aceptar obedientemente los abusos de poder que nos rodean.

PODER Y AMOR; LA CREACIÓN DE LA ESCASEZ

En un mercado competitivo, el valor de un bien está determinado por la necesidad de dicho bien y por su escasez en un momento dado, más que por su valor inherente o intrínseco. El aire, aun siendo indispensable para la vida y por tanto extremadamente valioso, no tiene valor de mercado, ya que, hasta la fecha, lo hay en abundancia.

La escasez de un bien, real o aparente, es una condición necesaria para la aparición de los juegos de poder. La escasez de alimentos, de espacio, de bienes de consumo, o de las cosas que necesitamos o creemos que necesitamos, incrementa su valor para nosotros. Cuando las cosas se vuelven valiosas porque son escasas, se convierten en el objeto de los juegos de poder. Al contrario, algo que está disponible libremente y que no es escaso no se verá como valioso y no se verá sujeto a juegos de poder. La escasez puede ser real o puede ser artificial. Hay ciertas cosas que son absolutamente necesarias para la supervivencia, como la comida, el agua o el aire. Puede haber un recorte del suministro, en cuyo caso la escasez es real. Si hay una hambruna en la tierra y no hay comida suficiente, eso es una escasez real. No obstante, muchas de las escaseces que experimentamos son artificiales. La escasez artificial puede ser el resultado del hecho de que alguien «controla el mercado» simplemente retirando el bien de la circulación.

La escasez artificial es un sumidero de energía, ya que cada vez hay que hacer más esfuerzos para obtener los bienes que se necesitan. Por eso se escribieron las leyes para los monopolios ilegales y creadores de escasez. Pero estas leyes no evitan todas las clases de escasez artificial, como la de la última moda, la marca más popular o el acceso al último gran gurú. Estas escaseces artificiales se crean inculcando en la gente un deseo o la necesidad ilusoria de un bien sobrevalorado que es únicamente valioso. De hecho estas necesidades ilusorias no pueden nunca ser plenamente satisfechas. De la misma manera que las escaseces artificiales se pueden crear para bienes de consumo como la comida o el techo, también se puede crear una escasez artificial en los recursos del ser humano. El amor, el reconocimiento y el afecto entre las personas se han hecho escasos mediante la adhesión de la gente a las reglas de la economía de caricias. En consecuencia, las personas se harán juegos de poder unas a otras sobre las caricias, monopolizándolas, haciendo trueques, vendiéndolas, estafando y mintiendo para conseguirlas.

LA ESCASEZ DE PODER; LA IMPOTENCIA

La manifestación máxima de la escasez de los recursos humanos es la escasez de poder en sí. El poder personal de las personas, incluyendo su poder sobre todos los aspectos de sus vidas y de sus destinos, están tremendamente restringidos y escasean, por lo que el poder humano también se convierte en un recurso por el cual se compite. En consecuencia, queremos devaluarnos los unos a los otros y competimos para establecer o agarrarnos a ese falso sentimiento de autodeterminación y competencia que proviene de dominar a otros.

Cuánto poder tengamos no es ninguna ilusión. Cada uno de nosotros tiene una cantidad objetiva y mensurable relacionada con cuánto poder que se nos opone somos capaces de superar. Además, está el *sentimiento* subjetivo del poder, que no necesariamente tiene que tener relación con el poder objetivo y que puede ser ilusorio; mayor o menor que la realidad objetiva. El poder subjetivo es una variable humana importante que está afectada por las actuaciones del Padre Crítico así como por las del Padre Nutricio. El Padre Crítico socava y el Padre Nutricio eleva el sentimiento subjetivo de poder de una persona. Con el Padre Crítico minando constantemente nuestro poder, desarrollamos lo que el teólogo y teórico social Michael Lerner llama «impotencia sobrante» («*surplus powerlessness*») (1997); un déficit de poder que, aunque real, es autogenerado e innecesario. Todas las escaseces artificiales de que somos víctimas —bienes de consumo, amor, poder— nos dejan desequilibrados, obedientes, maleables, demasiado centrados en las necesidades del momento como para pelear contra las causas. De ese modo, las escaseces artificiales benefician a quienes ya son poderosos materialmente, y mantienen a los impotentes constantemente en números rojos, con la cabeza apenas por encima del agua y peleando sólo por la supervivencia.

Para derrotar la escasez de poder necesitamos liberar nuestro poder personal. No nuestros poderes de dominación, sino nuestro poder de crear un cambio positivo y de resistir la coerción, de ser fuertes por nosotros mismos y de trabajar de manera cooperativa con los demás. Estos poderes están al alcance de todos. Necesitamos recuperarlos para que nos podamos ayudar los unos a los otros a dejar de aceptar las jerarquías, la competición y los juegos de poder.

CONTROL AUTORITARIO VS. CARISMA

De todas las fuentes de poder a nuestro alcance, el Control ha tenido el dominio hegemónico como una herramienta del sistema competitivo, patriarcal y opresivo. Se nos enseña que poder es igual a control, y que el control es la forma para aportar el cambio y la de ser poderoso en el mundo. Esto denigra otras fuentes de poder igualmente significativas, como las del amor, la comunicación, o el conocimiento, y reduce el reino multidimensional del potencial humano a una carrera unidimensional por el éxito en la que las personas hacen cola según su poder de controlar a otros, unos por encima, otros por debajo, pisoteándose entre ellos mientras pelean por alcanzar la cima.

La tendencia profundamente arraigada de la gente a participar del control desbocado de las jerarquías de unos arriba y otros abajo tiene el peligroso potencial de salirse de control. Esto sucede cuando la extensa resonancia entre los autoritarios y las personas sin poder produce una polarización en la cual la mayoría renuncia al poder en favor de alguien dispuesto a tomarlo. Las relaciones Dueño/Esclavo, Líder/Seguidor, uno arriba y otro abajo en las familias, los colegios y los lugares de trabajo pueden llegar a ser una marea social que en ocasiones, cuando se dan las condiciones para la «tormenta de poder perfecta», pueden arrasar países o continentes enteros, como así ocurrió en el caso de los regímenes de Hitler y Stalin. Aun así, incluso bajo condiciones autoritarias, siempre hay individuos con un sentido del poder personal que responden mal a los esfuerzos por controlarlos. Estas personas se convierten en la resistencia a los regímenes autoritarios.

La gente que se resiste a la dominación es poderosa a su manera. ¿Cómo adquiere uno esta clase de poder? Más adelante en el libro exploraré completamente seis fuentes de poder, que junto al Control hace posible que cultivemos nuestro poder personal (véase el Capítulo 8). Ya he mencionado esto antes pero los nombraré otra vez: Equilibrio, Pasión, Control, Amor, Comunicación, Información y Trascendencia. El total del poder de una persona, o «carisma», depende del desarrollo de estas siete fuentes de poder, cada una de las cuales añade a la persona la capacidad de causar cambios en el mundo. Esta visión polifacética del poder implica que la fijación en el control como fuente de poder es un punto de vista restringido que vuelve impotentes a un gran número de personas ante individuos que ocupan las posiciones elevadas en la jerarquía del control. El mayor antídoto contra el control de muchos por unos pocos está en que la gente desarrolle poder individual en sus formas multidimensionales y en que ellos mismos se dediquen a traspasar poder a cuantos puedan encontrar a lo largo de la vida. Todos pueden hacerlo; una vez que aprendemos podemos enseñar; cuando ganamos un dinero extra podemos adoptar un niño de un continente lejano; podemos inspirar a otros con nuestros escritos; podemos animar al tímido a bailar; podemos compartir nuestros sentimientos; podemos inspirar a alguien triste y ayudarle a recobrar la esperanza. Las posibilidades son infinitas.

PRIMERA PARTE. CONCLUSIÓN *

Necesitamos poder, queremos poder, merecemos poder. El amor es una fuente fundamental de éste. Pero necesitamos comprender qué expresiones de poder son dañinas para nosotros mismos y para los demás, y cuáles son beneficiosas. Una tarea del analista transaccional centrado en el corazón es asistir a las personas en su toma de poder, mientras permanece libre de abusos de poder.

El camino principal a este proceso está en abrir el corazón. Pero practicar las transacciones que enaltecen el amor puede resultar difícil en un entorno que aborrece el amor, dominado por el Padre Crítico y fieramente competitivo. Necesitamos establecer en toda su extensión posible una matriz social fértil en la que se aliente el surgimiento del amor, estimulado por un impulso genético y límbico. A continuación apunto cuatro actitudes sociales, que serán útiles para establecer un entorno que anime al amor.

- **Cooperación**: Sin juegos de poder, pedir el 100% de lo que queremos, seguido de una negociación generosa, hasta que se consiga una satisfacción mutua.
- **Igualdad de Poder**: Renuncia del poder por los poderosos, toma del propio poder por los impotentes.
- **Honestidad Radical**: Sin mentiras por acción u omisión.
- **Gentileza**: Respuesta empática a las necesidades de los demás.

* Traducción de Agustín Devós Cerezo.

Estas actitudes nos capacitarán para crear un escenario útil y fértil en el que se pueda practicar el poder del amor.

Podemos introducir estos comportamientos que liberan el corazón en nuestra vida cotidiana, en la calle, en el trabajo y en casa. Lo podemos hacer los unos con los otros, con nuestros clientes, nuestras familias y nuestros niños, especialmente cuando crecen y se hacen adolescentes preparados para enfrentarse al mundo. Abrir el corazón propio en la jungla del mundo real y concreto puede ser un esfuerzo muy complejo y peligroso, pero que tenemos que intentar. Y si nos dedicamos con devoción a esta tarea, podemos contar con un formidable aliado, la naturaleza humana, nuestro poderoso instinto límbico para la afiliación y el amor, el cual crecerá y florecerá si se le da la oportunidad.

SEGUNDA PARTE

La Teoría
Centrada en el Corazón

SEGUNDA PARTE. INTRODUCCIÓN; METÁFORA, MÉTODO, CIENCIA*

El Análisis Transaccional Centrado en la Caricia es una elaboración y, a veces, una desviación del punto de vista de Berne; el propósito de esta parte del libro es presentar estas ideas tan concisa y claramente como sea posible.

Antes de proceder quiero hacer algunas observaciones sobre la naturaleza de las teorías del comportamiento en general y sobre el análisis transaccional en particular. Teorías como las de Sigmund Freud, Carl Jung, Wilhelm Reich, Alfred Adler, Albert Ellis, Gestalt, cognitivo-conductual, programación neurolingüística (PNL), terapia centrada en el cliente, el método de los doce pasos así como el análisis transaccional se pueden considerar desde varias perspectivas; como metáforas, como método o técnica y como ciencia. (Método y ciencia son conceptos claros, elaboraré a continuación el de metáforas).

Cada una de las teorías nombradas anteriormente contiene una mezcla de los tres aspectos. Algunas son densas en metáforas y método (Freud, Gestalt), algunas lo son en método y ciencia (Ellis, cognitivo-conductual), algunas están repletas de método (Gestalt, terapia centrada en el cliente, doce pasos), y así sucesivamente. En general el desarrollo de las teorías psicológicas va por fases. Tienen inicio cuando un método parece tener éxito en crear un cambio beneficioso. El éxito lleva a una explicación metafórica, que provoca una in-

---

* Traducción de Agustín Devós Cerezo.

vestigación que puede generar la validación de la teoría. Como ejemplo, los efectos beneficiosos de la conversación llevó a la «cura por el habla» que posteriormente fue elaborada como teoría psicoanalítica, un conjunto de complejas metáforas. Finalmente, una vez que las metáforas y el método psicoanalítico mostraron alguna promesa, se emprendió la investigación científica que no logró validar algunas de las metáforas (el Ello, el complejo de Edipo, la envidia del pene) ni algunos métodos (libre asociación, interpretación, análisis de la transferencia), mientras que otros conceptos y métodos psicoanalíticos se establecieron a sí mismos como válidos (la importancia de los dramas y traumas infantiles, la relevancia del instinto y la emoción, la interacción entre los procesos mentales y somáticos, el valor de la catarsis).

Por el momento, el análisis transaccional participa de los tres aspectos de este proceso:

1. METÁFORA

El análisis transaccional comenzó como una colección de metáforas cautivadoras, aforismos llamativos y neologismos que fueron la base de su popularidad en los setenta. La metáfora es una figura retórica que conecta directamente de una manera intuitiva y apreciable dos o más cosas aparentemente no relacionadas para aclarar la naturaleza de una de ellas como igual a la segunda. Por ejemplo, Juan se da la vuelta mientras Tamara está llorando, y Tamara lo acusa de tener el corazón duro. «Corazón duro» es una metáfora para la falta de sentimiento y de compasión. Aquí «duro» (metáfora de falta de sentimientos) y «corazón» (metáfora del amor) están conectados en un acto aparentemente no relacionado, la reacción no compasiva de Juan a las lágrimas de Tamara. Si bien no hay una conexión objetiva entre dureza, corazón y falta de compasión, las palabras tienen el poder de darle sentido a las metáforas y de evocar una imagen significativa en la mente de Juan; él sabe qué es lo que ella quiere decir.

Las metáforas siempre han precedido al hallazgo científico. Antes de que la teoría de los gérmenes se desarrollase, los científicos de la medicina culpaban de la enfermedad a la miasma o al mal aire. La metáfora fue ampliamente aceptada porque tenía una validez intuitiva. Crear una asociación entre suciedad y enfermedad pavimentó el camino para la moderna teoría de los gérmenes. Por otro lado, una metáfora medieval muy popular —equilibrar los humores— justificaba las sangrías, sacar sangre a un paciente como parte de un proceso para «equilibrar» los cuatro «humores corporales» (sangre, flema, bilis amarilla y bilis negra). Se pensaba que este equilibrio era necesario para que el cuerpo humano funcionara adecuadamente. Por añadidura, se pensaba que cualquier persona «sanguínea», hiperactiva o bulliciosa padecía de un exceso de sangre y podía mejorar sangrándola, lo que a menudo se hacia con sanguijuelas. Estas metáforas no tenían base alguna en la realidad; no llevaban a ninguna validación científica y fueron finalmente abandonadas, no sin dificultad. Si triunfaron como método fue sólo por un efecto placebo. Claramente algunas metáforas son más válidas que otras.

El análisis transaccional está repleto de metáforas. En la teoría de los estados del yo, ciertos comportamientos impulsivos irracionales están conectados con la infancia, generando la metáfora del estado del yo Niño. «Yo estoy bien» viene a significar sentirse bien sobre uno mismo, tres círculos apilados uno sobre otro viene a significar una persona; una flecha entre dos estados del yo representan una transacción, y así sucesivamente. Estas metáforas son aceptadas y usadas como conceptos atractivos e ingeniosamente efectivos más que como rigurosas realidades científicas.

2. METODOLOGÍA

El análisis transaccional no hubiera tenido una credibilidad duradera si solamente se hubiera basado en metáforas. También es un método pragmático basado en la información que produce conductas y cambios deseables; un desarrollo heurístico de útiles técnicas conductuales y cognitivas; una moderna práctica terapéutica/educacional basada en una teoría coherente y persistente; y un método verificado con el ensayo y el error. La efectividad del análisis transaccional, evaluada por sus clientes, ha sido apoyada por una investigación repetida y rigurosa llevada a cabo por Ted Novey (2002).

3. CIENCIA

Añadido a ser un intento altamente metafórico y un método comprobado sobre el terreno, el análisis transaccional es una teoría de la personalidad basada en información científica. Desde el inicio, Berne partió de hallazgos científicos de la psicología social, la neurología, y la ciencia evolutiva de su época. Investigaciones científicas actuales en las ciencias sociales continúan validando las proposiciones fundamentales del análisis transaccional: contratos, caricias, estar bien, guiones (aunque no necesariamente bajo esos rótulos; véase Steiner, 2003). La duración y aceptación de estos conceptos, formulados hace medio siglo, demuestran la naturaleza visionaria de la teoría y el método de Berne.

No todos los conceptos del análisis transaccional tienen esa fuerte presencia en las tres áreas (metáfora, método y ciencia).

Como ejemplo, los tres estados del yo, el mayor icono del análisis transaccional, no han sido validados por ninguna investigación de colegas científicos y por tanto no tienen prestigio científico. Y aun así los estados del yo son la razón mencionada más a menudo por las personas interesadas en el análisis transaccional, ya que resultan muy útiles como poderosas metáforas. Esto presenta un problema cuando algunos analistas transaccionales, dado el gran interés en los estados del yo, intentan desarrollar una más amplia teoría de los estados del yo y caen en el error de la hipostasía, la falacia de la concreción inapropiada.

Hipostatar es lo que hacemos cuando hablamos de metáforas como si representasen fenómenos reales y medibles. Si los estados del yo son metáforas, no podemos «estudiarlos» como si fueran realidades validadas y contrastadas. Extensiones aún más amplias de la teoría de los estados del yo se tornan cada vez menos significativas y comienzan a remedar a los debates medievales sobre cuántos ángeles pueden bailar sobre la punta de un alfiler. Lo mismo es cierto para la proliferación de flechas en la matriz del guión, la multiplicación de impulsores de guiones o cualquier otra hiperextensión de las metáforas del análisis transaccional.

Aun así, sin necesidad de hiperextender la metáfora de los estados del yo, los podemos tomar muy en serio; son la base de un método extremadamente atractivo y efectivo para provocar cambios importantes y deseados.

Esto es importante para aquellos que desean tener reconocido el análisis transaccional en círculos académicos. Cuando hablamos abiertamente de estados del yo o de otras metáforas del análisis transaccional como realidades reconocidas más que de un método y metáforas pragmáticas y útiles, se nos percibe como ingenuos, estrechos de miras y poco sofisticados por los profesionales del terreno. Para aquellos transaccionalistas que buscan un lugar en la comunidad científica y académica y anhelan llegar a ser respetados entre los modernos métodos educacionales y de terapia, el lenguaje y la validación científica son el único camino posible para hacer un progreso fiable. En mi opinión, es muy improbable que los analistas transaccionales puedan realizar la investigación necesaria a menos que ya sean miembros de la comunidad académica, con fondos para la investigación y estudiantes graduados para hacer los estudios; una circunstancia improbable en este momento. Además de perseguir la investigación científica necesitamos abandonar nuestros neologismos chiflados, como cupón, gancho, patata caliente, *racket*, etc., y sustituirlos por palabras del diccionario estándar.

En este momento, el mejor acercamiento para obtener una validación científica del análisis transaccional, es buscar la investigación en las ciencias conductuales que corroboren nuestros puntos de vista. En mi cargo de Vicepresidente de Investigación e Innovación de ITAA (Asociación Internacional de Análisis Transaccional) entre los años 2001 y 2003, asumí ese proyecto y encontré una amplia corroboración de los conceptos siguientes: estar bien, caricias, guiones, contratos y de algunos de nuestros métodos cognitivo-conductuales. Los hallazgos están abreviados y publicados en *The Script*, el boletín de ITAA (Steiner, 2005), pero no tuvieran cabida en el *Transactional Analysis Journal*. Están disponibles en mi web*.

CARICIAS; ¿METÁFORA, MÉTODO O CIENCIA?

Volvamos a examinar el concepto de caricia, que es central para la tesis de este libro. ¿Es el concepto de caricia principalmente metafórico? ¿Es la base de un método efectivo? ¿Está científicamente fundamentado?

Las caricias como metáfora

El concepto de caricia es una afortunada metáfora de la necesidad de reconocimiento. Esto generó el aforismo de Berne «Si no te acarician se te secará la médula» (1964, Pág. 14) y estimuló la escritura de *El Cuento de los Peluches Cálidos*, que a su vez impactó en la cultura popular creando para el idioma inglés la generalizada expresión *«warm and fuzzy»* («cálido y suave»).

Las caricias como método

El empleo de caricias como un método de terapia/educación está minuciosamente apoyado en décadas de experiencia con la eficacia de métodos que enfatizaron los CDC (cuidados delicados y cariñosos, *tender loving cares* o *TLC* en inglés), los grupos de apoyo que fomentan el contacto y la interacción, mucho tiempo antes de cualquier validación científica.

---

* www.claudesteiner.com/corro.htm

Las caricias como ciencia

No existe a la fecha una investigación contrastada en la que específicamente se nombren las caricias como concepto. No obstante, sobre lo que en el análisis transaccional llamamos caricia, se ha escrito y estudiado de manera extensiva bajo las denominaciones de «contacto», «unión», «intimidad», «calidez», «cuidados delicados y cariñosos», «necesidad de pertenencia», «cercanía», «relación», «apoyo social», y sí, finalmente, amor.

Que procurar reconocimiento o caricias («necesidad de pertenencia») es una motivación humana fundamental ha sido investigado por Buameister y Leary (1995) en una excelente y exhaustiva revisión de la literatura de la cual ellos concluyen que «las evidencias existentes apoyan la hipótesis de que la necesidad de pertenencia es una motivación poderosa, fundamental y extremadamente omnipresente».

El hecho de que las caricias físicas de cariño son necesarias para mantener la salud mental física y psicológica se ha investigado en numerosos estudios de investigación. Lynch (1998) y Omish (2000) nos ofrecen excelentes revisiones de estos estudios, mostrando la relación universal entre amor y salud.

Estos conceptos también están incluidos en la importantísima serie de estudios reunidos por Bowlby y Ainsworth (1991) que también apoyan la visión de que el contacto seguro y fiable con un cuidador es esencial para un desarrollo infantil positivo. La totalidad de estos hallazgos se pueden tomar como una innegable corroboración científica del concepto de caricia del análisis transaccional.

Si se va a elaborar una investigación específica sobre las caricias en la comunidad científica, es necesario para que pueda ser investigado definir el concepto rigurosamente. En un esfuerzo para estimular la investigación algún día, intentaré a continuación una definición estricta de las caricias:

1. Una caricia es una unidad de comunicación. En concreto, una caricia es una transacción en la cual una persona (A) transmite información conscientemente a otra persona (B), que la recibe. (Véase el Capítulo 13 para una explicación de cómo uso el término «información» aquí).

2. La información transmitida en la caricia de A (el estímulo transaccional según Berne) pretende dar una información sobre B y para B.

3. El reconocimiento de la caricia de A por B (la respuesta transaccional según Berne) completa la comunicación.

4. La información contenida en una caricia puede ser (a) una declaración valorativa verbal o (b) no verbal en forma de un acto o (c) en forma de ambos, verbal y no verbal.

5. La información verbal valorativa contenida en una caricia está primordialmente en forma de adjetivo y puede ser tanto negativa como positiva (guapo, feo, listo, estúpido, bueno, malo, etc.).

6. La información no verbal se personifica en forma de una acción amistosa u hostil (atención, rechazo, sonrisa, fruncir el ceño, caricia, palmada, etc.) acompañada de una emoción correspondiente de amor (desde el afecto a la pasión) u odio (desde la irritación a la aversión), o de una mezcla de ambos.

7. Una caricia es positiva desde la perspectiva de A si está acompañada de afecto positivo (amor, esperanza, alegría, confianza), y negativa si está acompañada de afecto negativo (ira, temor, desesperación). Desde la perspectiva de B, una caricia es positiva si le sienta bien, o negativa si le sienta mal, sin considerar qué pretendía A.

8. La respuesta a una caricia variará dependiendo de cuánta de la información de la caricia es recibida por B.

Esperemos que esta definición parcial y provisional del concepto sea útil para quienes estudian las caricias. Os invito a que me hagáis vuestras observaciones y hago una oferta en firme de mi experiencia en la materia y en el método experimental para cualquiera que pueda estar interesado en emprender investigaciones sobre las caricias, especialmente en la efectividad de las caricias como agentes antidepresivos. Pueden contactar conmigo mediante mi página web*.

En resumen:

1. *Metáfora:* El concepto de caricia es central y una metáfora muy afortunada del análisis transaccional, un concepto que une toda la teoría en un sistema coherente como demostraré.

2. *Ciencia:* Las caricias y su importancia han sido ampliamente corroboradas por investigación independiente en la ciencia del comportamiento.

3. *Método:* Las caricias se han reconocido como un factor crucialmente importante de método de sanación por practicantes de la salud y de la psicoterapia durante siglos.

Investiguemos la teoría centrada en las caricias con más detalle.

* www.claudesteiner.com

5. JUEGOS Y GUIONES*

LOS JUEGOS EN QUE PARTICIPAMOS PARA CONSEGUIR AMOR

Juegos y guiones son dos conceptos fundamentales en la teoría del análisis transaccional. Un juego es una serie de transacciones, de naturaleza repetitiva, con un comienzo, un desarrollo, un final, y una recompensa. Cualquiera que observe la interacción humana notará que en ocasiones las personas se enganchan unas con otras en interacciones repetitivas, desagradables, incluso obviamente dañinas. Estos patrones recurrentes, llamados «juegos» por Berne, son, en todos los casos, esfuerzos infructuosos para obtener afecto —caricias positivas— que en cambio producen caricias negativas.

La recompensa del juego se refiere a las ventajas que acumulan los jugadores del juego. Berne especificaba cierto número de ventajas; la estructuración del tiempo, ventajas internas, externas, sociales, psicológicas, biológicas y existenciales (1964, Pág. 56-57). Me centraré en las ventajas biológicas y existenciales. Las ventajas biológicas de los juegos son las caricias que se derivan de ellos. La ventaja existencial es la forma en que el juego confirma la posición existencial y narrativa del guión de vida escogido por la persona.

Un ejemplo clásico de cómo un juego suministra estas dos ventajas es el juego depresivo del «¿Por qué no...? / Sí pero...». Bruno odia su trabajo y a su jefe, y está seguro de que sus compañeros de trabajo le odian a él. Está deprimido

* Traducción de Agustín Devós Cerezo.

y desanimado. ¿Qué va a hacer? En un bar durante la noche del sábado, se lo cuenta a sus amigos. Ellos intentan ayudarle:

Miguel: «¿Por qué no lo dejas y te buscas otro trabajo?».

B: «Sí, es una buena idea, pero no hay trabajos en los que paguen tan bien como en éste».

Gabriel: «¿Por qué no te buscas a un mediador del sindicato y lo aclaras con tu jefe?».

B: «Sí, lo había pensado, pero el mediador del sindicato es ahora una mujer, y ella no entendería este tipo de problemas».

Rafael: «¿Por qué no vas a un taller de yoga de fin de semana y desarrollas una luz blanca a tu alrededor que te proteja del sufrimiento?».

B: «Sí, claro, ¿sabes lo que cuesta un fin de semana de ésos?».

El juego ya está en marcha. Al participar en un juego, los jugadores ocuparán ciertos papeles en el juego. Como señaló Karpman (1973) en su Triángulo Dramático, existen tres papeles principales de juego; el Rescatador, el Perseguidor y la Víctima. Estos tres papeles son intercambiables. Inevitablemente en los juegos las personas cambian de un papel al otro.

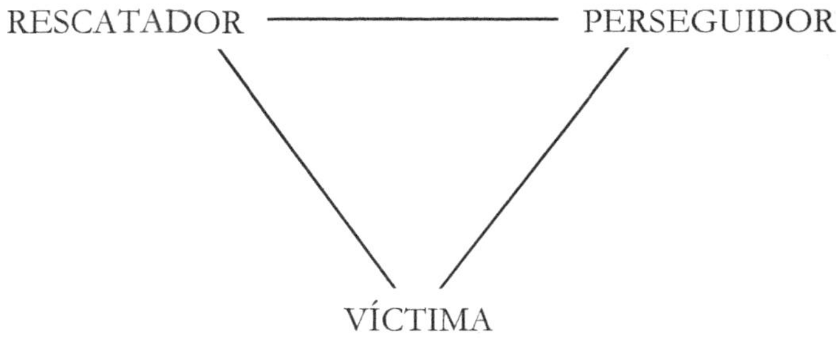

FIGURA 2. El Triángulo Dramático

En este juego Bruno, en el papel de Víctima, engancha a una o más personas en el papel de Rescatador que da consejos para problemas que él considera desesperados.

Tras algunos «¿Por qué no...?» seguidos de los inevitables «Sí, pero...», Miguel pierde la calma.

Miguel: (Irritado, cambiando de Rescatador a Perseguidor) «Me parece que tienes razón; es una situación ciertamente desesperada. ¿Por qué no te suicidas?».

Bruno: (Enfadado, cambiando de Víctima a Perseguidor) «Eres un imbécil, ¿qué te pasa?» (Triste, cambiando otra vez a Víctima). «Sé que no tiene sentido. Chicos, supongo que no me podéis ayudar. En realidad es cosa mía, ¿no? Vamos a emborracharnos».

Se debe señalar que el juego no es sólo de Bruno, sino también de Miguel, Gabriel y Rafael: Cada uno participa en el juego con algún papel. En este punto todo el mundo está deprimido. Bruno está sintiendo una especie de satisfacción por su poder de enfriar y espabilar a toda su panda de colegas bebidos. Se ha servido una ronda de caricias —mayormente negativas— y se ha confirmado la lúgubre visión del mundo de Bruno. Los amigos de Bruno se han persuadido de que no se le puede o no quiere ser ayudado; ésta es para ellos la «recompensa» del juego.

Parece que algunas personas no pueden dejar de participar en estos juegos dañinos, otras los evitan de manera efectiva al rechazar ser enganchados en los papeles de Víctima, Rescatador y Perseguidor. Cuando Bruno les presenta su problema, aparentemente buscando consejo, Samuel, uno de sus amigos, se abstuvo de participar u ofrecerle alguna solución para Rescatarle, y no se enfadó ni Persiguió, no se sintió Victimizado al final, ni justificó ningún guión negativo.

Los juegos y papeles en los que participan las personas pueden variar enormemente como Berne ofrecía en *Juegos en que participamos*. Todas las personas que participan en cada juego interpretarán uno o más de los papeles del juego, y al final, cada jugador obtendrá las ventajas biológicas y existenciales de participar en el juego. En el ejemplo anterior, la ventaja biológica de los amigos de Bruno son las caricias que consiguen y la ventaja existencial es la confirmación de la posición de que en realidad «no se puede ayudar a nadie».

Se puede ver participando en estos juegos de enganche en sus interacciones cotidianas a maridos y esposas, padres y madres, hijas e hijos, jefes y trabajadores, en la mesa del comedor, en el dormitorio, en el trabajo, por la calle.

En vez de gastar tiempo y energía interpretando estos papeles infructuosos, las personas que evitan los juegos son capaces de ser útiles, aceptar consejo, cooperar, apoyar, cuidarse y amarse unas a las otras de forma continua y sobre una base no dramática. ¿Cuál es la diferencia entre estas dos formas de vivir; drama o no drama? ¿Por qué alguna gente parece disfrutar con el afecto mutuo, hace amistades y socios, aman a sus hijos y son amados por ellos? ¿Por qué algunos son apreciados por sus jefes y compañeros de trabajo y por qué otros, de alguna manera, por alguna extraña razón, continúan haciéndolo mal o incluso fracasando en la vida?

LOS GUIONES QUE LAS PERSONAS VIVEN PARA DARLE SENTIDO A SUS VIDAS

Berne postulaba que las personas viven de acuerdo a una narrativa vital a la que él llamó guión, que predice y dicta los aspectos generales, y en ocasiones los específicos, de la vida de la mayoría de la gente. Nadie se sorprendería si afirmase que, temprano en la vida, los niños pueden decidir ser, de mayores, bomberos, bailarinas, ingenieros, médicos, abogadas o últimamente, genios de la informática. Y la mayoría coincidirá en que es probable que esas decisiones tempranas influyan en la persona que esos niños llegarán a ser.

De la misma manera, en los primeros años de vida los niños pueden llegar a la conclusión de que serán felices o infelices, vivirán vidas largas o cortas, serán amados o abandonados, y entonces desarrollarán una preferencia por sentimientos de ira, tristeza, temor o vergüenza y vivirán en consecuencia. Estas conclusiones —decisiones si lo prefieres— han incrustado una posición existencial de por vida, nuestro guión, que define, en unas pocas palabras, quién pensamos que somos. La posición más fundamental de guión y existencial tiene que ver con que si amaremos o si seremos amados en correspondencia.

Algunos guiones son trágicos y dramáticos, como los de asesinato, suicidio o adicción; son difíciles de ignorar. Otros guiones son banales, melodramáticos, guiones variados y floridos que pueden pasarse por alto fácilmente, como los de sin amor, depresión, impotencia o incompetencia. En cualquier caso, trágicos o banales, los guiones limitan las elecciones de la gente. Algunas veces las limitaciones son menores, y en otras ocasiones minan completamente el poder de las personas.

Algunas decisiones de guión se hacen en un momento específico de la vida y de una manera muy detallada. Otras no están tan claras ni se recuerdan tan bien. Un ejemplo reseñable de lo anterior fue André Gide, quien a los doce años decidió dedicar su vida a hacer feliz a Madeleine Rondeaux, su prima de catorce años, casarse con ella a pesar de su homosexualidad y persistir hasta el último día de su vida, con un resultado desastroso para ella y para él, que documenta en sus numerosos escritos sobre el asunto (Gide, 1935). Otros ejemplos como éste abundan.

Nuestras expectativas influyen poderosamente en nuestra vida. Cierto, no siempre acontecen, pero afectan nuestras vidas a cada paso del camino. Dos fenómenos psicológicos, la profecía autocumplida y el efecto placebo son manifestaciones poderosas de expectativas que determinan el resultado. La investigación muestra muy claramente que el optimismo tiene efecto en los resultados de la vida, del mismo modo que lo tiene el pesimismo (Matlin y Stang, 1978). Nuestros guiones, aquellas decisiones secretas hechas en la infancia, son una forma de profecía que tiende a volverse cierta a menos que estemos alerta sobre ellas y decidamos cambiarlas.

Describimos nuestras vidas en forma de historias o relatos. Algunos relatos son positivos y expansivos como «Soy una buena persona», «Hago buenos amigos fácilmente» o «Cuando se me mete algo en la cabeza, normalmente lo consigo». Algunos relatos son negativos y restrictivos como «Soy estúpido y nunca llegaré a nada», «Soy feo y estoy loco y siempre me abandonarán las personas que amo», «Nada me interesa» o «Siempre tomo malas decisiones y nunca saldré adelante».

Cuando relatos así nos fuerzan a un camino restrictivo y perdemos la capacidad de elegir, ese relato se convierte en guión, el cual entonces dirige nuestras vidas de manera dañina. Desde este punto de vista los guiones nunca son positivos. Hay guiones que dañan al protagonista, aunque pueden tener efectos positivos para otros. Por ejemplo, el guión de adicto al trabajo de una hábil cirujana coronaria que salva varias vidas cada semana. Este guión puede parecer positivo para ella, pero de hecho es una influencia negativa en su vida al poner en peligro su propio corazón por la sobrecarga de trabajo.

He observado que a menudo la gente entra dentro de uno de estos tres tipos de guiones. 1.) Mi vida no tendrá amor, 2.) Mi vida no tendrá alegría, o 3.) Mi vida será caótica. Cada una de las narrativas de estos tres guiones es impulsada diariamente por los juegos correspondientes, que encajan en él y que lo apoyan, y sin los cuales estos guiones se quedarían sin combustible. El guión de «Sin amor» se sustenta en juegos de decepción emocional y depresión como «Si No Fuera Por Ti», «Por Qué No...?, Sí Pero» y «Sólo Trataba de Ayudarte». Los guiones «Sin alegría» se apoyan en juegos como «Alcoholismo», «Deudor», y «Tahúr». Una vida caótica tendrá soporte en juegos violentos y sin sentido como «Alboroto», «Patéame», y «Schlemiel».

La hipótesis centrada en el corazón es que la manera más efectiva de poner fin a un guión y «echar el telón» es dejar de depender de esos juegos para conseguir caricias y en vez de eso implicarse en transacciones ricas en caricias genuinas, honestas y legítimas. Sin el apoyo de sus juegos, los guiones se quedarán sin fuelle y será posible abandonarlos.

Veamos ahora cómo el entrenamiento en educación emocional es una manera efectiva de perseguir el objetivo de reemplazar las caricias negativas de los juegos por las positivas del amor.

6. INCORPORAR LAS EMOCIONES*

Aunque Eric Berne avanzó un conocimiento psicológico y psiquiátrico a muchos niveles, probablemente sea justo decir que no aplicó su gran perspicacia al estudio de las emociones humanas. En su lugar, como objetivo terapéutico prefirió que la gente pensara (más que sintiera la vía a) las soluciones a sus problemas. Descontaba las terapias que consideraba sentimentales y demasiado centradas en los sentimientos y el cuidado. Denominó a esos esfuerzos terapéuticos como terapias de «caldo de pollo» e «invernadero». Cuando se le preguntaba «¿Pero qué pasa con los sentimientos?» le gustaba bromear diciendo «Mientras ames a tu madre, un sentimiento, un impedimento» («*Feelings, schmeelings, as long as you love your mother*», E. Berne, comunicación personal, alrededor de 1966). Con ello quería decir que a menos que el vínculo básico de una persona con su madre estuviera perturbado, en cuyo caso necesitaría terapia para eliminar la confusión del Niño, el enfoque de la terapia debería centrarse en la resolución de problemas por parte del Adulto, sin demasiada atención a las emociones.

Berne, en concordancia con los estándares médicos y profesionales de su época, no era un gran conocedor de las emociones. Hablando de la intimidad, por ejemplo, a menudo la definía por exclusión: como la ausencia de rituales, pasatiempos, juegos, trabajo, o de aislamiento (E. Berne, Seminarios de San Francisco, alrededor de 1959), o como algo

* Traducción de Jesús Laguna Gómez.

por lo que la gente participa en juegos y así poder evitarla (1964, Pág. 172). En otro lugar describe la intimidad como «la liberación de la percepción eidética*, el Niño incorrupto en toda su ingenuidad, que vive en el aquí y ahora» (1964, Pág. 180), lo cual para mí no es una gran mejora. Rara vez mencionaba las emociones de la intimidad, y creía que la intimidad se producía en muy raras ocasiones, unos quince minutos de media en una vida (E. Berne, Seminarios de San Francisco, en torno a 1958).

En *Juegos en que participamos* (Berne, 1964), en una sección sobre el juego de «Invernadero», escribió:

> La expresión de ese sentimiento puede ser precedido por el anuncio de que se encuentra en camino [...] El sentimiento es descrito, o más bien presentado ante el grupo como si se tratara de una rara flor que debe mirarse con respeto y admiración. Las reacciones de los otros miembros del grupo se reciben muy solemnemente y adoptan un aire de *connoisseurs* en un jardín botánico. El problema parece ser [...] si éste es lo bastante bueno para ser expuesto en el Congreso Nacional de Sentimientos (Pág. 142).

A pesar de sus burlas sobre las terapias «invernadero» y «caldo de pollo», y a pesar de su reaccionaria caricatura de «los sentimientos genuinos» (Pág. 143), Eric no era una persona fría. En ningún lugar se manifiesta tan claramente la relación con la emoción del amor como en una página, escrita en sus últimos años, dedicada a la discusión del amor en *Sex in human loving* (1970): «El amor es una dulce trampa de la que nadie escapa sin lágrimas», «la mayor aventura a la que se enfrenta la raza humana», y «la mayor realidad personal que existe» (Pág. 119). Sí, tal vez demasiado escéptico, quizás emocionalmente maltrecho y desvalido, emocionalmente

* Capacidad de ciertas personas para reproducir mentalmente con gran exactitud percepciones visuales anteriores. *(N. del T.).*

analfabeto casi con certeza, pero Eric tenía un corazón grande y cariñoso, que podía verse fácilmente a través de su humor, y que ni una sola vez, en mi experiencia, fue a expensas de las personas, por las cuales se preocupaba genuina y abiertamente.

Desafortunadamente, en sus declaraciones, se centró demasiado en la auto-indulgencia emocional de la gente, que él aborrecía, y que le llevó a crear una serie de cínicos neologismos anti-emocionales como «*rackets*», «lanzamiento de golosinas pegajosas» y «cupones», todos los cuales se centraron en la ilegitimidad de ciertas formas de expresión emocional. A pesar de su incómoda actitud hacia las emociones, Berne respetaba y se entusiasmaba con el Niño y, quizás inadvertidamente, desarrolló conceptos —caricias, transacciones, análisis transaccional— que allanaron el camino para que otros pudieran estudiar las emociones.

Las personas —e incluso los terapeutas— tienen que contar con las emociones. A algunos les gustaría excluirlas del escenario del ser humano; creo que Eric Berne fue uno de ellos, como yo también lo fui en mis primeros días como terapeuta. Otros se dan cuenta de que las emociones son esenciales en la vida y en el proceso terapéutico e intentan incluirlas en su trabajo. Gracias a la influencia, en mi vida personal, de la gran fuerza emocional de feminismo, llegué a darme cuenta reinventando la rueda que la inclusión verdadera y plena de las emociones es esencial para una buena terapia, tan esencial como el contrato y la resolución de problemas por parte del Adulto. El entrenamiento en educación emocional es mi contribución a la incorporación de las emociones en la práctica de la curación del alma, y en una buena vida.

Ser educados emocionalmente significa que tenemos emociones, sabemos cuáles son y su intensidad, y sabemos sus causas en nosotros mismos y en los otros. Aprendemos cómo y dónde y cuándo expresarlas, y aprendemos cómo controlarlas. Aprendemos cómo nuestras emociones afectan a otras personas y asumimos la responsabilidad de sus efectos. Cuando estamos emocionalmente educados somos sofisticados, gourmets de la textura, el sabor, y regusto de las emociones, buenas o malas. Permitimos que las habilidades de nuestro Adulto trabajen de la mano con nuestras habilidades emocionales para producir los cambios que deseamos en nuestras vidas.

Las emociones son esenciales para nuestra supervivencia. Son respuestas instintivas a situaciones que requieren algún tipo de acción. Las necesitamos para tomar decisiones, como Antonio Damasio (1999) ha demostrado en sus investigaciones; sin ellas nos sentimos incapaces de elegir entre diferentes alternativas. Sin embargo, la mayoría de nosotros tenemos poca conciencia de las emociones que experimentamos, lo fuertes que son o lo que las provoca. Sin esa toma de conciencia, especialmente nuestra conciencia de la emoción de amor, no podemos esperar desarrollar las habilidades de empatía e interacción que son el mayor logro de la educación emocional.

Berne creó las herramientas para un examen detallado, transacción a transacción, de los asuntos emocionales. Con los conceptos de caricias positivas y negativas introdujo las unidades conductuales de las dos emociones más básicas, el amor y el odio. Al proporcionarnos un método para la investigación de las interacciones humanas (el análisis de las transacciones), se nos hizo posible examinar de un modo sistemático el origen y la comunicación de las emociones.

BREVE HISTORIA DEL ANALFABETISMO EMOCIONAL

Las emociones han sido durante mucho tiempo un área controvertida de la psicología. En los albores de la psicología científica, la introspección fue considerada como el camino para la comprensión de la experiencia humana. Los errores científicos de ese enfoque, su tendencia a observar con prejuicio y auto-engaño, el inadecuado tamaño de la muestra, y la imposibilidad de la experimentación con el método de doble ciego pronto convirtió la introspección en un paria científico, sustituyéndose por los métodos más sistemáticos de la psicología experimental.

A pesar de ser rechazadas por los psicólogos, las emociones no desaparecieron y el interés en ellas continuó en su mayoría en la práctica de la psicoterapia. Pero la actitud profesional y científica prevaleció. Las emociones se convirtieron generalmente en el invitado no deseado, relegadas al caldero del Ello, las desestabilizadoras de la civilización, enemigas de la ciencia y la tecnología, que echan a perder la racionalidad y la lógica, la maldición de la mujer, los niños, y la gente de color; algo que ha puesto a prueba la impasibilidad de los profesionales; desordenadas, inquietantes y fuera de control. Berne compartía esta aversión; aunque nos enseñó a deleitarnos y admirar al Niño, también mantuvo una sospechosa desconfianza hacia las emociones humanas.

La condescendencia hacia las emociones encaja perfectamente con la terapia elitista, profesional, dominada por los hombres, «profunda» (uno a uno, psicoanalítica) practicada en pacientes «reales» (neuróticos capaces de pagar sus honorarios), en contraposición a la práctica «superficial» (terapia de grupo, psicodrama, terapia de apoyo y de corto plazo) de terapeutas «irreales» (asistentes sociales, psicólogos, enfermeras, religiosos) practicada en pacientes «irreales» (esquizofrénicos, indigentes, emocionalmente fuera de control). Con este último grupo de pacientes «irreales», considerado inadecuado para la psicoterapia profunda, las emociones no son fáciles de ignorar. Terapeutas valientes y comprometidos comenzaron a lidiar con el desorden de estos enfoques terapéuticos «inferiores» en pacientes «inferiores», y que llevaban rápidamente hacia inquietantes problemas emocionales en la vida real. Como resultado, las emociones fueron una vez más tenidas en cuenta. Se puede suponer que se cometieron errores, que se jugaron juegos, probablemente en forma de Rescates terapéuticos de personas que utilizaban sus emociones para manipular a otros y la inevitable Persecución posterior.

«¡NO TE PUEDO HACER SENTIR, NO ME PUEDES HACER SENTIR!»

El movimiento sobre el potencial humano nos ha proporcionado una gran cantidad de información y técnicas útiles, pero una de las más nocivas ideas que generó fue la idea de que la gente no puede causar sentimientos en otros. La idea, que casi alcanzó la hegemonía en los años setenta y ochenta, probablemente tuvo su origen con Fritz Perls (1969) y su oración Gestalt, que con el tiempo se convirtió en uno de los cánones del movimiento.

> Yo hago lo mío, y tú haces lo tuyo.
> No estoy en este mundo para cumplir tus expectativas
> Y tu no estás en este mundo para cumplir las mías.
> Tú eres tú y yo soy yo,
> Si por casualidad nos encontramos uno al otro, es hermoso.
> Si no es así, nada se puede hacer (Pág. 4).

Creo que Perls criticaba las excesivas exigencias emocionales basadas en la culpa que las personas se suelen hacer las unas a las otras. Esto pudo haber sido un meritorio objetivo terapéutico; tratar con la simbiosis emocional paralizante o lo que se ha convertido en la comúnmente conocida como codependencia y que nosotros en el análisis transaccional denominamos el rol de Rescatador. Sin embargo, lo que Perls escribió fue vulgarizado como una llamada a la irresponsabilidad emocional y transformado en un vehemente punto de vista en contra de la idea de que las personas podrían causar sentimientos en los otros, y menos aún de ser responsables por ello.

Al poema de Perls, respondí con uno mío claramente contradictorio:

> Si yo hago lo mío y tú haces lo tuyo
> Y no estamos para cumplir las expectativas de los demás
> Podemos vivir pero el mundo no sobrevivirá.

Tú eres tú, y yo soy yo, y juntos,
Uniendo las manos, no por casualidad,
Nos hallaremos hermosos el uno al otro
Si no, nada nos ayudará.

Considero que la convicción de que las personas no pueden hacer que otras sientan —mantenido por tantos como una revelación grande, sabia, y liberadora— es el punto culminante del estado de analfabetismo emocional. Es evidente para las personas sensibles que podemos provocar emociones unos a los otros. Y si uno lo piensa, no es ninguna sorpresa que esta declaración de analfabetismo emocional fuera más apasionadamente defendida por hombres blancos, de mediana edad, heterosexuales y profesionales, que fueron probablemente puestos en tela de juicio acerca de su miserable vida emocional por mujeres concienciadas por el feminismo de aquellos tiempos.

En una conferencia en la que estaba presentando este punto de vista, uno de esos caballeros, se levantó y me interrumpió:

—Estoy en total desacuerdo —exclamó—. No puede hacerme sentir nada.

Mordí el anzuelo. Me quedé mirándolo fingiendo ira y dije,

—Esa es la cosa más estúpida que he escuchado en mi vida. ¡Siéntese!

Sorprendido, se enrojeció y se sentó. Pasando del duro estado del yo Padre Crítico al Adulto, dije,

—¿Puedo preguntarle algo?

—Sí, claro —dijo.

—¿Qué siente ahora mismo?

—Nada —respondió.

Desconcertado, dije, con un toque de sarcasmo,

—Creo que tiene razón. No puedo hacerle sentir nada.

Me volví hacia el resto de la audiencia y pregunté,

—¿Alguien siente algo?

Muchas manos se levantaron. Algunos dijeron que se habían sentido enfadados conmigo, avergonzados, con miedo, etc. Sin embargo, a pesar de que lo hice a propósito, me sentí incómodo porque había actuado en contradicción directa con un principio importante: no usar juegos de poder y mantenerse libre de las transacciones del Padre Crítico. Me sentía culpable por la manera en que yo había tratado a mi interlocutor y responsable del daño que pudiera haberle causado. Intenté disculparme, pero no aceptaría mis disculpas y sostuvo la convicción de que no había sido ofendido, ni le había hecho sentir mal, triste o enfadado.

Este debate solía ser normal en todas mis presentaciones y talleres. Me doy cuenta de que últimamente la creencia de que «no se puede hacer sentir» ya no está en boga. Nunca he vuelto a utilizar esta técnica de enfrentamiento algo brutal para ilustrar mi punto de vista y todavía lamento haberlo hecho entonces. Estoy incluso incómodo usando el ejemplo hoy, para ilustrarlo aquí. Irónicamente, esto puede verse como un ejemplo de un exagerado juego de «Invernadero». Yo lo llamo alfabetismo emocional. El tema es que la gente puede hacer sentir a la gente miedo, ira, vergüenza, y todo tipo de emociones negativas. Y no hace falta decir que la gente pueda hacer a otros sentirse bien —alegres, amados, orgullosos o esperanzados—, cuestión también a tener en cuenta.

Obviamente, tenemos la elección en cuanto a si dejamos que otros generen sentimientos no deseados en nosotros, y si seguimos sintiéndolos. Evidentemente, si alguien nos agrede emocionalmente con transacciones nocivas, debemos tomar medidas para evitar que siga haciéndolo. Y si las emociones persisten obstinadamente, es posible que queramos sobreponernos a ellas. Pero no siempre, y no es necesariamente un signo de fracaso si no podemos. Eso depende tanto de la saña del ataque y el poder del agresor como de nuestro propio poder personal y nuestra determinación en ese momento. Puede que tengamos que atrapar el sentimiento y aislarlo y analizarlo para obtener información importante acerca de nosotros mismos. Y no olvidemos que puede que no queramos deshacernos de algunos sentimientos de tristeza o enfado, y que pueden, a veces, ser perjudiciales para nuestra salud mental hacerlo prematuramente o cuando ignoramos seriamente las situaciones de opresión. En los tiempos de la psiquiatría radical solíamos decir, en defensa de los *Panteras Negras,* que estaban siendo acusados de estar patológicamente enfadados, que «cualquier hombre negro que no esté furioso necesita ayuda psiquiátrica».

«¡ESTÁS PARANOICO!»

Otro concepto, relacionado con la interconexión de las emociones, es el fenómeno de la paranoia. En nuestra vida emocional, a menudo intuitivamente recogemos sentimientos negativos de otras personas. Estos sentimientos negativos en otros, son generalmente no reconocidos y, si se confrontan, generalmente son negados. Por ejemplo, la gente a menudo desarrolla sospechas y temores acerca de los motivos y las opiniones de otras personas, a veces hasta el punto de lo que parece ser una paranoia irrealista. En algunos círculos psiquiátricos, el enfoque a la paranoia ha sido la de culpar a la «proyección». Así, por ejemplo, si David piensa que María, su compañera de piso, le odia, y María lo niega, la sabiduría psiquiátrica presume que es David quien odia a María. Ya que no puede hacer frente a los sentimientos de enfado en sí mismo —es lo que se piensa— entonces «proyecta» su odio hacia ella. El remedio recomendado era refutar las sospechas paranoides, punto por punto.

Este enfoque, según mi experiencia, hizo a la gente más paranoica y no menos. He encontrado en mi trabajo que en general la paranoia se construye a sí misma en torno a un grano de una verdad intuitiva, como una perla se construye en torno a un grano de arena. Ésa es la razón por la que acuñé la frase, «La paranoia es la conciencia exacerbada» («*Paranoia is hightened awareness*»). Descubrí que si se reconocía un «grano de verdad» en la fantasía paranoica, por lo general la persona era capaz de dejar de lado sus ideas paranoides. Este enfoque, en el caso de David, implicaría la búsqueda de un cierto grado de validación por parte de María —el grano de verdad— para su convicción de que a María no le gusta él.

María niega reiteradamente que ella odie a David. Pero si María reconoce que ella está, de hecho, bastante molesta por los descuidos de David cuando lava los platos o limpia el baño, a continuación, David puede dejar de lado la idea de que ella lo odia. Esa creencia, de la que ahora puede darse cuenta, es una exageración paranoica de la realidad de ella, unos sentimientos mucho menos fuertes de enfado de los que él sentía o intuía. David simplemente había recogido —intuitivamente— unos sentimientos negativos ocultos de María, y como ella los niega, la sospecha original, válida e intuitiva, ha tomado proporciones exageradas. Cuando eso sucede, el Padre Critico normalmente se implica y aviva la llama de la sospecha con sus propios mensajes negativos. Una vez que David siente que María está enfadada con él, el Padre Critico puede fácilmente añadir: «Seguro que está furiosa contigo. Eres tan insufriblemente odioso que ella no puede admitirlo». Cuando ella reconoce su ira relativamente leve y las razones para ella, él puede sustituir su paranoia del Niño con la comprensión del Adulto e ignorar al Padre Crítico.

Este método de validación se inspiró en la obra de Ronald Laing, el psiquiatra escocés quien señaló que cuando se invalidan o niegan las experiencias de las personas, o la forma en que ven las cosas, hacemos de ellos inválidos mentales (1971). Laing halló que, cuando la intuición de uno es negada en repetidas ocasiones y en profundidad, pueden hacernos sentir locos, incluso si estamos perfectamente sanos mentalmente.

Otro ejemplo: Luis, el esposo de Marta, se siente muy atraído por una vecina y Marta recoge las pistas sutiles pero frecuentes sobre su entusiasmo oculto. Si ella confronta con Luis sus sospechas y él se las niega una y otra vez, mientras que sigue con su caprichoso comportamiento, su temor persiste, y aumentado por el Padre Critico, podría continuar la construcción de su fantasía hasta el punto de la paranoia. Ella incluso puede desarrollar la convicción de que está teniendo una aventura. Si Luis admite su encaprichamiento, Marta puede estar enfadada y triste, pero no estará paranoica. Para ella, ése sería un estado de la situación mucho mejor.

Con este enfoque, cuando la gente desarrolla la intuición (incluso paranoica) o las corazonadas, en lugar de tacharlas de irracionales y descontar su manera de ver las cosas, nosotros en los años setenta en el grupo de psiquiatría radical aprendimos a buscar el grano de verdad en ellas. Al encontrar esta verdad, no importa cuán pequeña sea, se pasa de una relación de sospecha, paranoia o negación, a otra de comunicación, de retroalimentación y de honestidad. Al mismo tiempo, poniendo a prueba la validez de las intuiciones y corazonadas emocionales de la gente, entrenamos nuestras capacidades de empatía, que, como veremos, son esenciales para las relaciones emocionalmente alfabetizadas. Este enfoque —validación de la paranoia— es una técnica básica de la educación emocional, con la que animamos a las personas a expresar sus corazonadas, su percepción intuitiva y sus fantasías paranoicas y, en lugar de descontarlas, buscar su validación, aunque sólo sea con un pequeño grano de verdad.

¿Cómo se relaciona este punto de vista sobre la paranoia con la forma en que las personas se pueden hacer sentir unas a otras? Las conexiones emocionales entre las personas y las percepciones intuitivas de la gente son los aspectos fundamentales de la interconexión. La intuición y la empatía están interrelacionadas. Ambas son capacidades humanas innatas, podría decirse que mediadas por las neuronas espejo del cerebro (Rizzolatti y Craighero, 2004; Ramachandran, 2006). Socavar e interferir en las conexiones innatas entre las personas manteniendo a la gente separada es una de las formas en que el Padre Crítico protege al sistema patriarcal de una comunicación libre y abierta. Ambos ejemplos de analfabetismo emocional: a) «No me puedes hacer sentir y no te puedo hacer sentir» y, b) «Eres simplemente un paranoico» requieren gran atención en la búsqueda de la educación emocional.

En el Capítulo 3, esbocé la primera parte del Entrenamiento en Educación Emocional: *Abrir el Corazón*. La segunda parte, *Examinar el Panorama Emocional* (que se describe a continuación), trata acerca del entrenamiento de la intuición y la empatía.

EXAMINANDO EL PANORAMA EMOCIONAL

Nuestras emociones son frecuentemente desconocidas para nosotros, como un terreno inexplorado, aunque muy real, de nuestro ser interior. Con el fin de inspeccionar el Panorama Emocional de una manera sistemática, así como para familiarizarnos y sentirnos cómodos con él, diseñé dos transacciones específicas, cada una compuesta de un estímulo y una respuesta: 1) La transacción Acción/Sentimiento, y 2) La transacción de Validación.

Transacción Acción/Sentimiento.

Contradiciendo la declaración de analfabetismo emocional «No te puedo hacer sentir» usamos la transacción de acción/sentimiento en la que A dice a B: «Cuando tú (describir una acción), me sentí (nombrar una emoción)» como por ejemplo «Cuando me interrumpiste hace un momento, me sentí enfadado».

La respuesta necesaria y emocionalmente educada a esa declaración acción/sentimiento es un reconocimiento del hecho de que una acción específica de B causó un sentimiento en A, como en «Entiendo que te sintieras enfadada cuando te interrumpí».

Transacción de Validación.

Cuando una sospecha paranoica o corazonada se nos hace consciente, usamos la transacción de validación en la que A dice a B:

«Tengo la corazonada, o fantasía paranoica, de que (describir la corazonada intuitiva)».

B entonces responde validando la intuición o aportando un grano de verdad que pueda explicarlo, como por ejemplo:

Diego: «Me preocupa que ya no me ames».

Y la respuesta de Silvia, «Bueno, estoy decepcionada contigo —triste y enfadada—, pero te quiero mucho». O quizá, «Lamento decir que tienes razón, he dejado de amarte».

Una vez más, estas dos declaraciones, en última instancia, son una mejora con respecto a las complicaciones y la ansiedad causada por la incertidumbre.

Estas dos transacciones constituyen conjuntamente el proceso de *Examinar el Panorama Emocional*, lo que, añadido a las transacciones de la Primera Parte *Abrir el Corazón* y de la Tercera Parte *Asumir la Responsabilidad* constituyen los elementos de la Educación Emocional.

ENTRENAMIENTO EN EDUCACIÓN EMOCIONAL Y ANÁLISIS TRANSACCIONAL

El entrenamiento en educación emocional es la extensión de los conceptos y técnicas del análisis transaccional para la comprensión y dominio de nuestra vida emocional. La educación emocional se suma a nuestro poder personal. Nos hace mejores padres, socios, colegas, profesores, curas o pastores, gente de negocios, empresarios, comerciantes, científicos, activistas y políticos.

Supuestos básicos de la Educación Emocional:

1. El ser humano sano es emocionalmente receptivo y responsable, tanto capaz de que se le haga sentir como responsable por lo que él o ella hace que otros sientan.
2. El libre intercambio de información emocional es esencial para la eficacia de la comunicación interpersonal; sin información emocional, sólo tenemos la mitad de los datos relevantes de una transacción.

3. La comunicación interpersonal efectiva es esencial para la productividad humana y el poder personal.

Una vez establecidos estos principios, desarrollé el entrenamiento en educación emocional como una aplicación del análisis transaccional.

Entonces, ¿cómo aplicaremos el análisis transaccional a la educación emocional? El programa de entrenamiento en educación emocional consiste en el aprendizaje de un conjunto de transacciones emocionalmente educadas. Cada transacción que practiquemos es de una complejidad y dificultad creciente. En todos los casos el ejercicio está precedido por una solicitud de permiso para interactuar. A medida que se ponen en práctica, estas transacciones tendrán el efecto de aumentar la educación emocional de la persona. Una descripción más detallada de este proceso se encuentra en el Capítulo 11. Mi libro *Educación emocional* proporciona una descripción completa del proceso. Lo que sigue es un breve resumen:

Transacciones de Educación Emocional

Hay cuatro categorías de dificultad creciente de intercambios transaccionales de Educación Emocional:

1. Obtener el permiso para interactuar (preparando el terreno).
2. Dar y aceptar caricias (abriendo el corazón).
3. Información (acciones, sentimientos, motivos).
   a) Declaraciones de Acción/Sentimiento (asociando sentimientos con acciones).
   b) Temores y sospechas (validando la intuición).
4. Responsabilidad (pedir disculpas y reparar daños emocionales).

Talleres de Entrenamiento en Educación Emocional

Las habilidades básicas de educación emocional se pueden enseñar en un grupo (lo ideal es de dieciséis, pero no mayor de veinticuatro personas) durante un período de dos o tres días. Cada una de esas cuatro etapas se detalla con la ayuda de unas notas repartidas a los asistentes. Esto permite a la gente comprender, a la vez que lo experimenta, el proceso de educación emocional y usarlo y reproducirlo en su familia o en situaciones de trabajo.

Cuando la gente práctica estos cursos de introducción de tareas emocionales en un entorno social cuidadosamente protegido y seguro van a adquirir habilidades de educación emocional. Por supuesto, una mayor práctica, en el «mundo real», es esencial para la retención de estas habilidades.

El orden de esas transacciones de educación emocional indica un aumento del nivel de dificultad. Sólo la primera transacción —la autorización para realizar transacciones emocionales— es «obligatoria». Todas las demás se adaptan a la situación en cuestión.

En todos los casos en los que la educación emocional se enseñe, hay tres elementos básicos que son requeridos:

1. Un ambiente seguro y de cooperación, logrado por un contrato de cooperación y supervisado por un monitor competente;

2. Un conjunto de transacciones para la formación en educación emocional, y

3. Un grupo de dos o más personas que estén interesados y quieren aprender educación emocional.

Los tres son necesarios para que ocurra una adecuada mezcla de información y resonancia límbica para poder aprender educación emocional. Dos de tres no serán suficientes. Tener las transacciones y las personas, no será suficiente sin la protección del ambiente en el que las personas puedan sentirse seguras para hablar de sus emociones libremente y con honestidad. Por otro lado, un entorno seguro y unas personas dispuestas, sin las técnicas transaccionales indicadas, no generará el aprendizaje emocional de un modo sistemático y fiable. Ni cualquier situación que carezca de participantes que estén implicados en aprender educación emocional será de valor alguno.

Las habilidades de educación emocional se pueden enseñar en varios contextos de cooperación: talleres, grupos de terapia, orientación de pareja o *coaching*. Las herramientas de análisis de transaccional desarrolladas por Berne son ideales para este proceso, y sin ellas sería mucho más difícil enseñar o aprender habilidades de educación emocional.

La aplicación de la educación emocional en el «mundo real» —en el trabajo, en las escuelas, y en la calle— es un área que necesita ser más explorada y que se escriba sobre ella. Animo al lector a desarrollar técnicas para tales situaciones especiales y a escribir sobre ellas.

7. ANÁLISIS TRANSACCIONAL CENTRADO EN LAS CARICIAS*

Para cuando había terminado su *Juegos en que participamos*, la teoría del análisis transaccional de Eric Berne ya tenía casi diez años de diferenciación propia respecto a su pensamiento psicoanalítico y había madurado a su manera. En la Introducción de este libro, Berne presenta el concepto de caricias con uno de sus característicos coloquialismos: «Si no te acarician se te secará la médula» (Pág. 14). Con una vena más «científica» explica: «Se puede postular una cadena biológica que lleva desde la privación sensorial y emocional pasando por la apatía hasta los cambios degenerativos y la muerte» (Pág. 14). Sigue escribiendo: «el hambre de estímulo tiene la misma relación con la supervivencia del organismo humano que el hambre de alimento...» (Pág. 14).

De esta manera Berne deja claro que considera a las caricias el motivo fundamental de la conducta humana. Más adelante declara, «Las formas más gratificantes de contacto social [...] son los juegos y la intimidad. Es rara la intimidad prolongada [...] y el intercambio social más significativo habitualmente toma la forma de juegos...» (Pág. 19).

En otro sitio escribe:

> El individuo se encuentra para el resto de su vida (tras la infancia), enfrentado con un dilema contra el que su destino y supervivencia lo empujan constantemente. Por un lado están las fuerzas biológicas, psicológicas y sociales que entorpecen el

* Traducción de Agustín Devós Cerezo.

camino de la intimidad física al estilo infantil, y del otro están sus esfuerzos constantes por conseguirla (Pág. 14).

En las páginas que siguen expongo la teoría completa del análisis transaccional centrado en las caricias. Aquí tendrás juntos todos los conceptos principales de la teoría. Cada concepto principal se presenta como premisa teórica con letras en negrita. A cada premisa le sigue una explicación detallada. Estas dieciocho premisas constituyen la base teórica del análisis transaccional centrado en las caricias.

Esta presentación altamente concentrada de la teoría está escrita teniendo en mente a los aficionados a la teoría. Quizá desees saltártela. Todo lo que se dice en las siguientes dieciocho premisas están declaradas, repetidamente, de una manera menos concentrada y sistemática en el resto del libro.

PREMISAS BÁSICAS

I. Propósito y Funciones del Análisis Transaccional

Premisa nº 1. **La actividad de un analista transaccional es el análisis de las transacciones con el propósito contractual de mejorar la vida de las personas.**

El análisis transaccional es una compleja teoría social con componentes psicodinámicos. No obstante, como práctica, el AT se centra en el análisis objetivo de las transacciones sociales, que en concreto es: analizar transacciones. El papel del profesional del análisis transaccional está definido por un contrato basado en la información. El contrato está diseñado para beneficio del cliente y llega tras un proceso consensual entre el cliente y el analista transaccional.

Premisa nº 2. **La información extraída del análisis detallado de las transacciones de un individuo es la principal fuente de datos del analista transaccional. Con estos datos, el analista intenta por todos los medios entender la estructura de la personalidad, la conducta, y la experiencia de ese individuo.**

El análisis transaccional fue diseñado para ser practicado de manera ideal en grupos. El analista transaccional se centra en el análisis de transacciones sociales visibles o verificables. Este análisis es una rica fuente de la información necesaria para el logro exitoso del contrato.

Premisa nº 3. **El método para lograr el cambio acordado contractualmente es la modificación intencionada de las interacciones humanas.**

Los cambios en el comportamiento transaccional pueden modificar directamente la estructura de la personalidad, la conducta y la experiencia humana. Los cambios que están acordados en el contrato se consiguen principalmente mediante un doble proceso: el análisis de la conducta social y la aplicación de intervenciones hábilmente diseñadas con la intención de cambiar tal conducta. Esta visión está en claro contraste con la visión psicodinámica de que el cambio puede provenir de percepciones en la estructura psicodinámica de una persona derivadas de conversaciones personales íntimas.

II. Transacciones y Caricias

Premisa nº 4. **La transacción es la unidad básica del análisis transaccional y consta de un estímulo transaccional y una respuesta transaccional. Una transacción es un intercambio de información entre dos estados del yo (definidos más adelante) distintos de dos individuos.**

Los estados del yo son unidades distintas o grupos de personalidad de cada persona. Berne identificó tres estados del yo a los que denominó el Padre, el Adulto y el Niño (definidos más adelante).

Premisa nº 5. **Una caricia es un tipo específico de transacción con la cual una persona reconoce y comunica información valorativa, positiva o negativa, sobre el otro, que la recibe.**

Dado que toda caricia es una transacción, una transacción puede transmitir una gran cantidad de información (valores, sentimientos, o datos) mayor que la información de un simple reconocimiento. La información en una transacción de caricia es simplemente una declaración de reconocimiento positivo o negativo de una cierta magnitud.

Las caricias se pueden dividir en positivas o negativas, basadas en la experiencia subjetiva del receptor. Las caricias positivas son placenteras y beneficiosas. Las caricias negativas son dolorosas y potencialmente tóxicas. Las caricias pueden ser verbales o no verbales. Las caricias pueden variar en orden de magnitud desde baja hasta de alta intensidad. Las caricias también tendrán diferente valor para el receptor según la fuente de que provenga.

Investigaciones recientes de amplio espectro han mostrado que las caricias son necesarias para una supervivencia real en niños pequeños y para la salud y supervivencia psicológica en adultos. Dado que las personas necesitan caricias para sobrevivir física y psicológicamente, el comportamiento a la búsqueda de caricias es un poderoso elemento motivacional en la vida de la gente.

Premisa nº 6. **La economía de caricias es un conjunto de reglas que interfiere en el intercambio de caricias positivas al evitar que pidamos, demos o aceptemos las caricias que queremos. La escasez de caricias crea una elevada hambre de caricias, que a cambio estimula un comportamiento de búsqueda menos exigente de caricias y el consumo de caricias negativas.**

El hambre de caricias se puede satisfacer con caricias negativas, en la medida en que caricias así pueden aplacar la necesidad de reconocimiento y de contacto y garantizan la supervivencia. Donde la Economía de Caricias está activa, las caricias positivas se vuelven escasas y las personas recurren a aceptar las caricias negativas. No conseguir caricias suficientes puede tener como resultado una inanición de caricias con consecuencias conductuales, cognitivas y biológicas.

Las caricias positivas son referidas comúnmente, en forma abreviada, simplemente como caricias.

III Poder: Uso y Abuso

Premisa nº 7. **El poder es la capacidad de crear cambios en contra de una resistencia y la capacidad de resistir un cambio no deseado.**

Estamos equipados de forma innata con poder, el cual nuestras interacciones y entorno amplifica o disminuye. La tarea principal del analista transaccional es ayudar a la gente en la comprensión y modificación de sus interacciones para conseguir y desarrollar el poder personal necesario para obtener lo que necesite, especialmente caricias.

El poder personal es un atributo deseable que a) hace posible que las personas superen la resistencia (interna y externa) que les impide conseguir sus objetivos, o b) capacita a las personas para resistir los cambios que no son deseados.

El poder personal se expresa mediante la conducta transaccional. El método más efectivo de adquirir poder personal es mediante la cooperación efectiva.

Premisa nº 8. **En la búsqueda de las personas por la satisfacción de sus necesidades, el poder se puede usar de manera benéfica para uno mismo y para otros o se puede abusar de él en beneficio de uno y sin consideración por los demás.**

Los juegos de poder son transacciones coercitivas; la cooperación está libre de juegos de poder y se basa en una negociación bien intencionada.

Se define un juego de poder como:

> Una transacción consciente o habitual y preconsciente, o un conjunto de transacciones diseñadas para a) provocar que otra persona haga algo que ella no haría por iniciativa propia, o b) evitar que otra persona haga algo que preferiría hacer.

Las personas tienen necesidades y buscarán satisfacerlas. En el proceso, la gente tiene que escoger entre la cooperación y la competición. La interacción competitiva y de adversarios se basa en la asunción de que es aceptable hacer juegos de poder a otros para satisfacer las necesidades. La premisa básica de la cooperación es que todo el mundo tiene iguales derechos y que no es aceptable coaccionar a otros en ningún nivel. En vez de eso, las necesidades de las personas se deben satisfacer de mutuo acuerdo en una negociación a corazón abierto.

El análisis de las transacciones interpersonales puede ayudar a diferenciar entre cooperación y competición.

Premisa nº 9. **La capacidad de reconocernos y amarnos unos a otros se hace posible por la evolución límbica del cerebro.**

La cooperación, la educación emocional y finalmente la democracia son las manifestaciones interpersonales de esa evolución. El análisis transaccional resulta inmejorablemente apropiado para el análisis y refinamiento de esos desarrollos, con el objetivo de mejorar la vida de las personas.

El cerebro límbico y sus neuronas-espejo generan la resonancia límbica, necesaria para el cuidado y la protección, la empatía, la confianza, la cooperación y la consciencia emocional. Los juegos psicológicos y los juegos de poder son obstáculos a la resonancia límbica y se pueden eliminar mediante el análisis y modificación de las transacciones.

Premisa nº 10. **Dos aspectos de la interacción humana son la principal fuente de los problemas a los que la gente busca solución: la conducta respecto a las caricias y la conducta respecto al poder.**

La manera en que la gente busca poder para lograr la satisfacción puede ser beneficiosa o puede ser dañina y tóxica. En la búsqueda de la gente por la satisfacción de sus necesidades, se puede abusar del poder, o se puede usar para beneficio de uno y de los demás. De igual forma, las estrategias empleadas por las personas para ganar reconocimiento —caricias— pueden ser dañinas o beneficiosas. Los cambios en los patrones de conducta de búsqueda de caricias y poder son caminos fundamentales a la sanación.

IV. Juegos y Guiones

Premisa nº 11. **Juegos y guiones son adaptaciones tempranas a las constricciones y demandas del Padre Crítico de las varias personas significativas en la vida del niño.**

Los guiones son planes de vida que se adquieren, a veces conscientemente, y decididos a edades tempranas. Los juegos son maniobras a corto plazo para conseguir caricias y los guiones son estrategias a largo plazo para obtener o mantener poder y significado. Juegos y guiones están inextricablemente unidos entre sí, puesto que los guiones dependen para su mantenimiento de los juegos cotidianos.

Se define un juego como una serie de transacciones, de naturaleza repetitiva, con un inicio, un desarrollo, un final y una recompensa. Para el jugador, la recompensa es la ventaja de participar en el juego: su ganancia biológica y existencial.

La ventaja existencial del juego es el refuerzo del guión. Cada movimiento del juego, además de procurar caricias, valida la posición existencial del guión de vida de la persona.

La ventaja biológica o recompensa del juego es las caricias que procura. Los juegos psicológicos son juegos de poder para las caricias; son patrones habituales y disfuncionales para la consecución de caricias, normalmente aprendidos en la familia a edad temprana. Los juegos son las transacciones del día a día que mantienen el significado y el sentido del guión. Sin las ganancias cortoplacistas de los juegos, la estrategia a largo plazo del guión no se puede realizar. Toda persona que participa en juegos tiene un conjunto de juegos favoritos y de emociones resultantes a las que él o ella están habituados.

Los juegos psicológicos y los guiones de vida a largo plazo son la consecuencia patológica de la escasez de caricias positivas creada y mantenida por el Padre Crítico. La obtención de caricias, cuando las caricias no están disponibles o hay un recorte en el suministro, es una causa del comportamiento contraproducente y abusivo de los juegos.

Premisa nº 12. **Existe una gran variedad de juegos en los que la gente participa (Berne, 1964). En esos juegos las personas asumen determinados papeles. En todos los juegos se dan por lo menos tres papeles: el Perseguidor, el Rescatador y la Víctima. Cuando se participa en cualquier juego la gente se ve compelida a interpretar esos tres papeles y a alternar entre ellos.**

En su lucha diaria por las caricias y el poder, las personas se involucran continuamente en estos tres papeles contraproducentes. Estos papeles se pueden evitar y los juegos y guiones en que están incrustados se pueden abandonar aprendiendo a conseguir caricias de manera directa y libre de juegos. El método más directo para dejar los guiones y los juegos que le acompañan es aprender a dar y a recibir caricias positivas, y así evitar el hambre de caricias que motiva al juego.

V. Estados del Yo

Premisa nº 13. **Los tres estados del yo son la manifestación visible de redes neuronales separadas, distintas, internamente coherentes y especializadas, desarrolladas por la evolución. Cada estado del yo posee una función diferente, importante y especializada en el manejo de diferentes clases de información.**

De modo aproximado (dado que son categorías en alguna manera vagas e intuitivas), el Adulto es experto en la predicción y control de sucesos, el Niño es experto en el mantenimiento de la motivación emocional, y el Padre es experto en la preservación y aplicación de juicios valorativos. Además, Berne dividía el Padre en Padre Nutricio y Padre Crítico, y el Niño en Niño Adaptado y Niño Natural. Yo he escogido el Padre Nutricio, el Padre Crítico, el Adulto y el Niño como los estados del yo más útiles y fácilmente observables en el trabajo centrado en las caricias.

Aunque no hay evidencia científica que establezca concluyentemente la realidad de estos cuatro estados del yo concretos, son lo suficientemente distintos e identificables como para ser extremadamente útiles en el proceso del análisis transaccional. Además, la aceptación y aplicación de esta división metafórica de la personalidad para explicar y modificar la conducta de uno, aportará cambios cognitivos y estructurales en la personalidad; cambios que harán reales los estados del yo. Cada estado del yo se basa en un logro evolutivo, y la supervivencia depende del funcionamiento independiente de los tres estados del yo coordinados entre sí.

El llamado Adulto es el estado del yo racional y solucionador de problemas. Está aislado de las emociones intensas, que tienden a interrumpir la comprensión y la lógica. De los tres estados del yo, es el que más probabilidades tiene de tener una correlación cerebral específica: el neocórtex, que es donde se asienta la imitación, el lenguaje y el pensamiento abstracto.

El Niño es el estado del yo emocional. Todas las emociones primarias y sus combinaciones —tales como el enfado, la tristeza, el temor y la vergüenza por un lado; y el amor, la alegría, y la esperanza por el otro— tienen su origen en el Niño. El Niño es la fuente de la empatía, la capacidad de sentir lo que otros sienten.

El Padre es el estado del yo juzgador, basado en la tradición, prejuicioso y regulador. El Padre se puede manifestar en una de dos formas igualmente prejuiciosas: El Padre Crítico (prejuicioso en contra de las personas) y el Padre Nutricio (prejuicioso a favor de las personas). El Padre Crítico es experto en controlar y el Padre Nutricio es experto en apoyar y alentar. Ambos son capaces de verse aumentados o reducidos con las técnicas del análisis transaccional.

Es esencial distinguir entre el Padre Crítico y el Padre Nutricio para una aplicación efectiva del análisis transaccional centrado en las caricias. Con el propósito de controlar al Niño, el Padre Crítico juzga al individuo como no OK —malo, estúpido, loco, feo, enfermo o condenado— y por tanto no merecedor de amor. La función del estado del yo Padre Crítico es controlar a la persona. Se le ha llamado «brujo» u «ogro», «electrodo», u «opresión internalizada», entre muchos otros nombres.

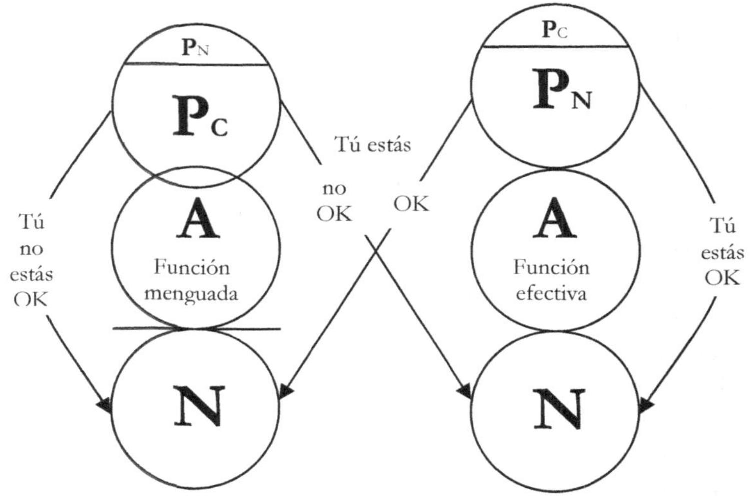

La Persona Dominante
Pc predominante
Pn aislado
A contaminado por Pc
A sin contacto con N
Sentimientos de N:
tristeza, temor,
desesperanza

La Persona Amorosa
Pn predominante
Pc aislado
A no contaminado
A consciente de P y N
Sentimientos de N:
alegría, esperanza

FIGURA 3. Los Tres Estados del Yo Básicos

El igualmente prejuicioso Padre Nutricio afirma lo opuesto, que la persona está bien: lista, buena, cuerda, guapa, sana, merecedora de libertad, elección y amor, y capaz de triunfar.

Los estados del yo apenas aparecen en su forma potencialmente pura y normalmente están contaminados o influenciados entre ellos. La influencia del Niño o del Padre sobre el Adulto es especialmente significativa ya que el funcionamiento efectivo del Adulto —separado de la influencia emocional e irracional, y de los prejuicios— es esencial para los fines contractuales Adultos y para resolver problemas. Las contaminaciones del Adulto son la representación metafórica de conexiones neuronales entre el neocórtex y otras áreas más primitivas del cerebro causadas por acontecimientos repetitivos o dramáticos —traumas— en la vida de la persona.

La investigación muestra que la porción emocional del cerebro tiene la capacidad de inundar y discapacitar el neocórtex con estimulación en lo que se puede interpretar como una relación asimétrica de dominancia del Niño sobre el Adulto o «contaminación» del Adulto por el Niño. Por otro lado, es posible fortalecer el Adulto y aislarlo de las influencias emocionales del Niño.

VI. El Padre Crítico: Del Patriarcado a la Democracia

Premisa nº 14. **Los sistemas de gobierno autoritarios, presentes desde hace milenios, dependen de la capacidad de controlar y dominar a otros. Dominancia y control, mediante el abuso de poder, son las funciones del Padre Crítico.**

Cuando el Padre Crítico es dominante, el Adulto y el Niño están inhibidos proporcionalmente. Es por tanto deseable en una sociedad igualitaria, democrática y cooperativa limitar claramente la participación del Padre Crítico en los asuntos humanos, para así liberar a los estados del yo Adulto y Niño.

Con comienzo a finales del segundo milenio DC, ha habido una globalización de la lucha que empezó en Atenas en el año 500 AC para reemplazar los métodos coercitivos y autoritarios por la democracia, la igualdad, los derechos humanos universales, la cooperación y la no-violencia en apoyo de los fines de todas las personas. La premisa de este movimiento, en términos del análisis transaccional, es que cada niño está bien, que las necesidades del Niño son legítimas, y que la forma de interacción más deseable y beneficiosa es una relación cooperativa, no violenta y protectora. Esto se halla en contradicción con la función y los supuestos del Padre Crítico, cuya premisa es que el Niño no está bien (es estúpido, malo, loco, feo, enfermo o está condenado) y que los niños no necesitan ni merecen caricias, y que incluso les pueden hacer daño. En vez de eso, los niños, para que estén educados —de acuerdo a la visión del Padre Crítico— requieren de juegos de poder física y emocionalmente violentos, incluyendo especialmente el cese de las caricias. Este cese de las caricias es la función impuesta por el Padre Crítico a través de la economía de caricias.

Premisa nº 15. **El cambio cultural generalizado hacia la democracia requiere que las funciones reguladoras del Niño, hasta este momento ejercidas por el Padre Crítico, deberían ser a cambio desempeñadas por el Adulto y el Padre Nutricio. Tan importante como reducir al máximo al Padre Crítico es reforzar al Adulto y al Padre Nutricio.**

En ausencia de un Adulto fuerte y funcional, el Padre Crítico puede argumentar convincentemente que el Niño carente de disciplina podría dañar potencialmente a la persona. Dados los fines del análisis transaccional —mejorar la vida de las personas enseñándoles mejores maneras de interactuar— es esencial reforzar el estado del yo Adulto. Es tan importante como reforzar al Padre Nutricio, ya que las interacciones del Adulto por sí mismas no son una poderosa fuente de caricias.

Por lo tanto, el cambio desde el control a la cooperación y la no-violencia depende de un amplio incremento cultural para que los estados del yo Niño, Adulto y Padre Nutricio sean sanos y fuertes, mientras la influencia del Padre Crítico decrece. Cada uno de los estados del yo Niño, Adulto y Padre Nutricio, si bien son esencialmente beneficiosos, pueden rebasar la personalidad al excluir a los otros dos. En vez de esto, necesitan operar con equilibrio entre ellos.

VII La Práctica del Análisis Transaccional: El Corazón del Asunto

Premisa nº 16. **El análisis transaccional fue diseñado para grupos, y es como mejor se practica. El papel del profesional del análisis transaccional está definido por un contrato decidido entre el cliente y el terapeuta, el consejero, el profesor o el consultor.**

El trabajo en grupo es ideal para el cambio personal, siempre que el grupo esté a salvo de las incursiones del Padre Crítico y la gente desarrolle un sentido de confianza y seguridad, que es esencial para el desarrollo de la resonancia límbica necesaria para que los reajustes límbicos tengan lugar.

Premisa nº 17. **Las personas nacen con una tendencia inherente a la salud y a la sanación. La mano sanadora de la naturaleza, «*vis medicatrix naturae*» (la tendencia a la cura), es el principal aliado del analista transaccional. Facilitar la vertiente sanadora de la naturaleza con las técnicas de curación es la tarea principal del analista transaccional.**

La posición existencial básica de «Yo estoy bien, Tú estás bien» refleja la creencia de que la naturaleza está del lado del crecimiento de la vida y de la salud, y siempre está dispuesta a curar y a hacer curar.

Premisa nº 18. **Los métodos de sanación fundamentales del analista transaccional centrado en las caricias son: la verdad radical, la exclusión del Padre Crítico y las tres P's: Permiso, Protección y Potencia.**

Excluimos las mentiras por comisión y por omisión y excluimos las transacciones del Padre Crítico. Usamos la transacción de Permiso para animar los cambios de conducta y empleamos la Protección para escudar al cliente frente al Padre Crítico y otras influencias que se resistirán o actuarán contra los cambios que el cliente desea hacer. Aplicamos nuestra Potencia en forma de información, con nuestras habilidades, con un apoyo personal cariñoso y comprometiéndonos en el proceso.

8. SIETE FUENTES DE PODER CENTRADO EN EL CORAZÓN.*

A lo largo de este libro he estado refiriéndome al poder personal: su importancia, pérdida, adquisición y abuso. Para explorar un tema tan crucial, hablaré de siete fuentes de poder personal disponibles para todo aquel que se preocupe de desarrollarlas. Se trata de siete configuraciones de habilidades únicas que mejorarán nuestra capacidad para conseguir aquello que queremos, y evitar aquello que queremos evitar. Las he denominado Equilibrio, Pasión, Control, Amor, Comunicación, Información y Trascendencia. Quienes hayan estudiado las religiones orientales reconocerán el origen de estas ideas en la antigua teoría del yoga Kundalini y los siete chacras: Tierra, Sexualidad, Poder, Corazón, Garganta, Tercer Ojo y Cosmos.

No deberíamos valorar unos poderes por encima de otros. En realidad deben usarse juntos, pues cada uno tiene su capacidad específica para propiciar el cambio. Juntas, estas siete fuentes de poder constituyen aquello que llamamos carisma, esa cualidad personal que confiere a un individuo la rara habilidad de llevar a cabo con éxito tareas importantes en situaciones sociales.

Cuando se combinan, coordinadas por el Corazón, este arco iris de poderes es mucho más potente, aunque a veces sean imperceptibles, que las formas abruptas y brutales de control a las que estamos acostumbrados.

---

* Traducción de Susana Arjona Murube.

EQUILIBRIO

El equilibrio o arraigo, como se lo llama a veces, es la capacidad de estar firme y cómodo cuando nos hallamos de pie, caminamos, subimos unas escaleras o corremos.

Cuando tenemos equilibrio se dice que «sabemos qué terreno pisamos» y que somos capaces de «tener los pies sobre la tierra». Nuestro cuerpo estará firmemente colocado y nuestra mente se mantiene ecuánime. Si sabes qué terreno pisas, no será fácil que te muevan de tu posición, físicamente o en sentido figurado.

En las sociedades patriarcales se ha evitado siempre que las mujeres lograran un sentido del equilibrio físico fuerte. El vendaje de los pies, los corsés apretados o la moda actual, diseñada para agradar a los hombres —ropa ajustada, minifaldas, tacones— en el mundo occidental. La ropa que oculta a las mujeres musulmanas y que entorpece sus movimientos, así como la preceptiva modestia que se espera de ellas —movimientos limitados y cautos— en todo el mundo, interfieren con su libertad física y con su estabilidad.

Por el contrario los hombres son libres de vestir ropa holgada y los zapatos que quieran para sentirse cómodos físicamente, y el nivel de arreglo y de pudor que se les exige es mínimo. No obstante, las mujeres se están acercando a un estatus similar al de los hombres, dejando de lado muchos de los preceptos que se les han impuesto tradicionalmente en relación con su vestimenta y arreglo personal. El resultado es que se sienten cada vez más poderosas —más equilibradas y arraigadas— y que con esto están amenazando de forma fundamental el dominio patriarcal.

El nivel óptimo de desarrollo deseable para cada una de estas fuentes de poder está en el término medio. Respecto al equilibrio o arraigo, un desarrollo deficiente de ese poder provocará que seamos obedientes, tímidos, fáciles de desequilibrar y que estemos llenos de temores. Por otra parte, un desarrollo excesivo, nos hará testarudos, fríos, densos, inamovibles y aburridos, y no seremos capaces de tolerar o afrontar nada que nos haga perder ese equilibrio.

PASIÓN

El poder de la pasión es un fuego interior capaz de darnos vigor como ninguna otra cosa. La pasión se revela contra el conformismo y la pasividad, y fuerza la confrontación y el cambio.

La pasión es capaz de unir a los opuestos; la pasión puede crear o destruir. Cuando es apasionado, el amor puede mover montañas y el odio puede destruir sociedades enteras. Sin pasión sexual no habría Romeo ni Julieta, habría muy pocos matrimonios, y tampoco amores no correspondidos. Sin embargo, la pasión no es sólo sexual. Es lo que alimenta también el fervor de los misioneros, las empresas quijotescas, los inventos y las revoluciones.

Una persona poco apasionada será tibia, aburrida y cobarde, mientras que el exceso de pasión puede inducirnos al error, hacernos estar fuera de control y volvernos destructivos.

CONTROL

El Control ha sido mal utilizado pero es una forma esencial de poder. El Control permite manipular el entorno y a quienes lo habitan, sean objetos, máquinas, animales o personas.

El Control, que puede ser físico o psicológico, también nos da poder sobre nosotros mismos. Es especialmente importante cuando, en forma de autodisciplina, nos permite regular otros poderes, como el amor, la pasión, la información y la comunicación. El Control es fundamental cuando el caos reina a nuestro alrededor y amenaza nuestra supervivencia. La educación emocional consiste, en parte, en controlar emociones; expresarlas o guardárnoslas en beneficio de los implicados.

Si careces del poder del Control puedes ser victimizado por tu propio torbellino interior y padecer de adicción, depresión, insomnio o volverte perezoso. O puedes ser victimizado por el mundo exterior: perder tu empleo, tu casa, ser maltratado, perseguido, trastornado o padecer los efectos de la contaminación. Te verán como indisciplinado, incapaz de controlar lo que sientes, dices o haces, y también incapaz de controlar lo que comes, te inyectas o esnifas. En el otro lado del espectro, si te obsesionas con el control, puedes verte poseído por la necesidad de controlar de forma absoluta cada situación y cada alma viviente.

AMOR

Todos queremos amar y ser amados, pues sabemos lo bien que sienta cuando realmente ocurre. Pero son muy pocos los que ven más allá de los placeres más obvios del amor para percibir su potencia. Menos aún son los capaces de desarrollar ese poder.

El amor es más que un regalo de San Valentín, o que la emoción de ver o tocar a la persona que amamos, más que el cálido abrazo de una madre a su hijo. El amor tiene el poder de unir a la gente, permitiéndoles que trabajen juntos sin descanso en las más arduas tareas, inculcando la esperanza que puede impulsarles a salir de las peores situaciones; inundaciones, hambrunas, guerras y masacres.

Si tu poder del amor está poco desarrollado, serás una persona carente de calidez o empatía con los demás, incapaz de cuidar o ser cuidado, incapaz incluso de amarte a ti mismo. Si se encuentra excesivamente desarrollado, estás en peligro constante de entregar tu corazón; el típico Rescatador, tendente a hacer sacrificios excesivos por los demás y abandonándote a ti mismo.

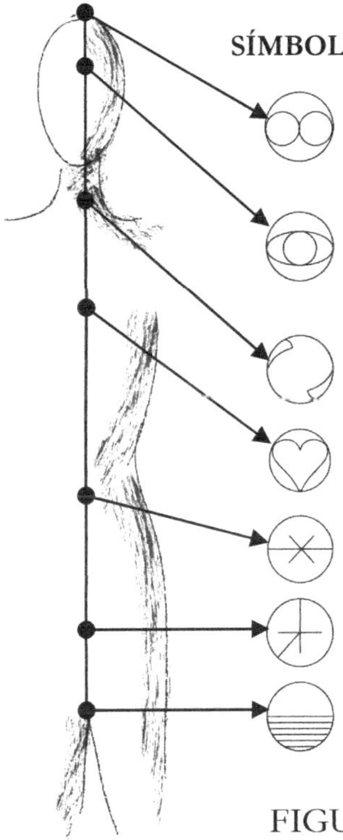

SÍMBOLO	FUNCIÓN	ENERGÍA	PODER	+ IMPOTENCIA - Exceso/Defecto
	Trascendencia	Psíquica	Sin temor a la muerte	Fuera de la realidad/ Sin sentido del humor
	Conocimiento	Información: ciencia historia intuición visión	Capacidad de predecir	Súper-intelectual/ Ignorante
	Comunicación	Interacción	Capacidad de inducir ideas y sentimientos	Charlatán/Callado
	AMOR	Emoción	Educación emocional	Hiper-emocional/ Embotado
	Control	Fuerza	Capacidad de manipular	Fanático Del Control/Pasivo
	Pasión	Aceleración	Agilizar los procesos humanos	Maníaco/Depresivo
	Equilibrio	Gravedad	Estabilidad	Terco/Voluble

FIGURA 4. Siete Fuentes de Poder Centrado en el Corazón

Pasar de una cultura centrada en el Control a una centrada en el Amor es la tarea fundamental de nuestra era. Para propiciar un cambio semejante será necesario el apoyo de guerreros emocionales especialmente comprometidos que trabajen unidos por todo el mundo.

Una actitud amorosa guía al guerrero emocional. Esta actitud debe estar presente en tres ámbitos elementales: el amor hacia uno mismo, el amor a los demás y el amor a la verdad. Estos tres tipos de amor son necesarios para que nuestra vida esté centrada en el corazón:

1. *Pilar básico de nuestra individualidad; amor hacia uno mismo.* Cuando nos amamos a nosotros mismos seremos firmes en la defensa de nuestra singularidad. Nuestra individualidad nos mantiene centrados en lo que queremos y nos hace capaces de diferenciar qué irá en beneficio o en detrimento de la trayectoria que hemos elegido. Sólo un amor apasionado a uno mismo nos dará la fuerza para perseverar en las decisiones de uno cuando todo el mundo pierde la fe en quiénes somos o en qué estamos haciendo.

2. *Lealtad inquebrantable; amor a los demás.* La lealtad nos hace conscientes de nuestra implicación en la vida de otros seres humanos e involucrarnos tanto con los demás como lo haríamos por nosotros. El amor hacia uno mismo y el amor hacia los demás son dos fuerzas poderosas que deben estar equilibradas. El amor hacia uno mismo sin que haya amor hacia los demás nos hace egoístas y puede convertir a alguien, que en otras circunstancias sería muy poderoso, en una persona singularmente destructiva. El amor hacia los demás sin que haya amor hacia uno mismo nos convertirá en Rescatadores preparados para regalarlo todo.

3. *Veracidad consciente; amor a la verdad.* El amor hacia uno mismo y hacia los demás está íntimamente ligado al amor a la verdad, especialmente la verdad sobre nuestros propios sentimientos por una parte y sobre los sentimientos de los demás, por otra. Sin lealtad a lo que sabemos cierto, no podemos decidir entre el egoísmo y la magnanimidad; donde ter-

mina el amor hacia uno mismo empieza el amor hacia los demás.

La veracidad es especialmente importante en la era de la información en la que podemos estar «bien informados» al mismo tiempo que bajo la influencia de informadores falsos y engañosos. El amor a la verdad es el atributo que mantiene a una persona activamente implicada en la búsqueda de la información válida, es decir, información que refleja la realidad del mundo en el que vivimos. La aplicación del amor a la verdad en las relaciones se traduce en la «entrega radical a la verdad».

COMUNICACIÓN

El poder de la comunicación es la capacidad de transmitir los propios pensamientos y sentimientos a los demás para que ellos los experimenten por sí mismos. La comunicación es un proceso transaccional: no funcionará sin la escucha atenta del receptor. Están implicadas dos operaciones: enviar y recibir, hablar y escuchar. Ambas son necesarias para transmitir conocimiento, para resolver problemas junto con alguien, para construir relaciones satisfactorias.

Si careces del poder de la comunicación, serás incapaz de aprender o de enseñar mucho. Si ponemos demasiado énfasis en la comunicación te puedes convertir en el típico charlatán compulsivo, un cotilla que presta poca atención a lo que dice o a su efecto en los demás. El defecto de comunicación nos hará enigmáticos, huraños y aislados.

Todas las fuentes de poder funcionan conjuntamente. Una combinación muy potente de poderes que usan los grandes maestros consta de comunicación, información y amor. Con un buen profesor, la comunicación está inspirada por el amor a la verdad y el amor a las personas. Los buenos profesores no intimidan ni usan el control como medio de persuasión. En vez de eso, explican, y si los alumnos no entienden, buscan el porqué y lo intentan de nuevo. Sus estudiantes pueden comparar libremente lo que están aprendiendo con lo que ya saben, y se sienten animados a formular opiniones propias y bien fundamentadas.

INFORMACIÓN

El poder de la información consiste en reducir la incertidumbre y permitir que podamos tomar decisiones efectivas. Cuando poseemos información podemos anticiparnos a los acontecimientos, y precipitarlos o evitarlos.

La información nos llega de cuatro formas diferentes: ciencia, intuición, historia y visión. La ciencia reúne los hechos de forma metódica, mediante la observación empírica de las cosas tomando nota de cómo funcionan. La ciencia es como una cámara que toma fotografías nítidas y bien enfocadas de la realidad. Es una poderosa fuente de certeza.

La intuición capta el flujo de la realidad. Produce conjeturas acerca de cómo son las cosas. La intuición es borrosa, sin la exactitud de la ciencia, pero es una guía poderosa hacia la verdad probable. Por esta razón, la intuición es a menudo vital en los comienzos de importantes descubrimientos científicos.

El conocimiento histórico proviene de la consciencia que tenemos de acontecimientos pasados, sea a través de la experiencia personal o mediante el estudio de la historia. La perspectiva histórica puede ser una poderosa herramienta para prever acontecimientos venideros.

La visión es la habilidad de ver lo que está por venir mediante sueños y visiones. Todos tenemos visiones del futuro pero se necesita una gran seguridad en uno mismo para ser un visionario. La visión, cuando sabemos reconocerla, es una fuente de información muy valorada.

La ciencia ha sido considerada la única fuente de conocimiento válida; la historia es para los viejos, la intuición cosa de mujeres, y la visión propia de lunáticos. Sin embargo, cada una de estas formas de información tiene su propio poder y validez, y estamos empezando a darnos cuenta de que cuando las utilizamos de manera efectiva, las cuatro fuentes de información pueden hacer muy poderoso a sus usuarios.

La información ha sido mal utilizada durante mucho tiempo. Ha estado al servicio del control, para hacer la guerra, para conquistar tierras y para imponer ideas políticas y religiosas. Hoy, en la Era de la Información, el mal uso de la misma se presenta bajo la forma de desinformación, publicidad engañosa, anuncios dañinos sobre política y otras formas modernas de propaganda. Todo esto se usa para manipular a millones de personas —a través de la radio, televisión e Internet— para persuadir a la gente de que vote en un sentido u otro, para que adopte un determinado estilo de vida y para que compre los productos que lo acompañan. Por otra parte, el reciente desarrollo de las llamadas «redes sociales digitales» está equilibrando el campo de juego, facilitando la comunicación, liberando la información y dando poder a todos para usar la información en beneficio propio en lugar de ser manipulado por ella.

Este libro se centra en la Información y el Amor. Si los combinamos, el Amor y la Información tienen el poder de cambiar el mundo (véase *Here comes everybody* de Clay Shirky, 2008, Pág. 140). La Información al servicio del Amor es completamente diferente de la Información al servicio del Control. Libremente disponible en Internet, se nutre del esfuerzo desinteresado de millones de personas que quieren compartir sus conocimientos gratuitamente y se podría usar para construir el poder de las personas; en su vida diaria mediante conocimientos prácticos; su salud a través de conocimiento médico y psicológico; su sabiduría mediante la educación; sus relaciones a través de la educación emocional.

TRASCENDENCIA

Vista como una fuente de poder, la Trascendencia es el poder de la ecuanimidad, de dejar que los acontecimientos sigan su curso. La Trascendencia es un estado mental conocido en otros ámbitos como Estado de Gracia, Nirvana o La

Nada, consistente en la capacidad de desvincularse de lo terreno y material. Como fuente de poder, la Trascendencia es el poder de la calma y la felicidad sin temor, el poder de permitir que los acontecimientos sigan su curso, de no dejarnos dominar por las emociones negativas, las ataduras y las aversiones, de permitir que la risa nos eleve por encima de las nubes.

La Trascendencia nos deja ver claramente en medio de los cambios fundamentales, al darnos cuenta de lo corta que es la vida antes de volver al polvo cósmico, lo efímero de nuestros éxitos y fracasos, de cuán mayores que nosotros es el mundo y el universo. Cualquiera que sea nuestra situación, es posible afrontarla si somos conscientes de que no somos más que un punto diminuto en la inmensidad del tiempo y del espacio. Cuando comprendemos esto, perdemos el miedo al futuro o a la muerte, porque nuestra existencia no puede verse afectada por hechos cotidianos. El poder de la Trascendencia nos da esperanza y fe en que la vida tiene un sentido, aunque no logremos aprehenderlo con nuestra limitada inteligencia. Con ella podemos «elevarnos» por encima de situaciones concretas, y confiar y sentir nuestro poder a pesar de las condiciones materiales. Para algunos este estado mental es natural y fácil; otros necesitan meditación y disciplina para conseguirlo.

Si no desarrollas suficientemente tu capacidad para trascender, te verás como el centro de las cosas y te agarrarás desesperadamente a tus creencias y deseos, aversiones y ansias, éxitos y fracasos, a cualquier precio. Errarás en ver el efecto que produces en otros seres humanos y en el entorno, porque todo lo que te importa eres tú. Por otra parte, si la trascendencia se convierte en un método usado en exceso para relacionarnos, nos desvincularemos de temas mundanos y «levitaremos» ajenos a lo que ocurra a nuestro alrededor sin intención ni capacidad de poner los pies en la tierra.

Presento las siete fuentes de poder mencionadas como una alternativa a la forma de control obsesivo que comúnmente se considera la vía ideal del poder personal. Los poderes centrados en el corazón sustituyen el Control por el Amor, aun considerando el control como uno de los siete poderes indispensables. Esto sugiere que una persona que quiera maximizar su poder personal —carisma—, debería cultivar las siete fuentes de forma óptima. Para que esto funcione bien en un grupo, sea una pareja, una familia, un vecindario, un grupo de trabajo o un electorado, es necesario que cada uno de los miembros sea tan poderoso y carismático como sea posible. La gente es más efectiva cuando ejercita sus poderes individuales centrados en el corazón de forma concertada y cooperativa con los demás.

SEGUNDA PARTE. CONCLUSIÓN*

En el instituto, durante mis años de secundaria y de bachillerato viví bajo la influencia primero de Einstein y después de Freud. Me empapé de teorías: relatividad, teorías sobre la luz de ondas y partículas, partículas subatómicas y más tarde, cuando me cambié a la psicología, teorías sobre la neurosis, la consciencia, la génesis de los sueños, el Ello y la civilización y sus desencantos. Teorizar estaba de moda, sobre todo en psicología, y cualquiera que tuviera una audiencia era libre para teorizar a placer. El éxito de una teoría dependía de cuánto tirón popular tuviera y no necesitaba la validación científica que se espera hoy en día. Cuando en 1956 arribé al seminario que Berne reunía en San Francisco esperaba unas teorías deslumbrantes y las acepté incuestionablemente.

No me di cuenta (y él tampoco) de que Berne y yo estábamos bajo la influencia de mi tío abuelo (por matrimonio) Ludwig Wittgenstein, el gran filósofo positivista lógico que afirmaba que los filósofos debían volver a «pisar la tierra» del lenguaje común; «traer a las palabras de vuelta desde la metafísica a su uso cotidiano». Basado en la influencia de Wittgenstein en el mundo del pensamiento, Berne creó un tipo completamente nuevo de teoría de la personalidad, uno que intentaba por todos los medios basarse en una realidad demostrable. Por esto desarrolló el análisis transaccional, los estados del yo y los juegos; tres conceptos que sugerían y buscaban la demostración científica. Ésta fue también la ra-

* Traducción de Agustín Devós Cerezo.

zón por la cual me envió en 1959 a la Universidad de Michigan para que estudiase psicología científica y que finalmente fuera el primer «director de investigaciones» del análisis transaccional.

La tarea de la validación científica del análisis transaccional ha demostrado ser desalentadora y hasta hoy no existe una investigación científica basada en el análisis transaccional que haya sido contrastada por colegas en otras disciplinas. Cierto que existen algunos estudios excelentes como el de Noriega (2002) acerca de los guiones de organizaciones y el de Novey (2002) sobre la efectividad del análisis transaccional, pero éstos esperan todavía ser replicados. Lo mejor que fui capaz de hacer como vicepresidente de investigación y desarrollo (del 2000 al 2003) fue investigar la literatura científica que corroboraba conceptos semejantes a las ideas principales de Berne. Aún está pendiente de ser llevada a cabo una investigación sustancial sobre las auténticas teorías bernianas. Mientras tanto he añadido mi propio conjunto de teorías sobre las caricias, la escasez de caricias, el poder personal, la cooperación y la curación, que he presentado aquí pensando que están arraigadas en la realidad. Igualmente, esperan la confirmación científica. Brevemente, aquí están algunas teorías necesitadas de su validación:

1. Las caricias positivas están en escasez crónica.
2. La escasez de caricias termina en depresión.
3. La causa de la escasez de caricias es el resultado de inhibiciones internas que se aprendieron en la infancia.
4. Aprender cómo dar y recibir caricias llevará a un incremento del intercambio de caricias y disminuirá las transacciones del triángulo dramático, disminuirá la depresión y elevará la esperanza.
5. Las personas que obtienen caricias suficientes tienden a ser personalmente más poderosas.

Hasta el momento la validez de estas teorías y los métodos que se derivan de ellas carecen de validación científica.

No obstante, el hecho de que estos métodos se usen por profesionales satisfechos con clientes satisfechos es una prueba considerable para su validez práctica. En la última parte del libro presento las aplicaciones prácticas de estas teorías, de eficacia comprobada hasta la fecha.

TERCERA PARTE

Amor e Información; La Práctica

TERCERA PARTE. INTRODUCCIÓN*

El análisis transaccional ya no está restringido a ser un método de psicoterapia. El complejo arte, el conocimiento y las habilidades pragmáticas que el análisis transaccional aporta a las ciencias del comportamiento tienen aplicación en la educación, la consultoría y el *coaching* entre otras.

Cualquier profesional competente de la salud, de la educación o de la empresa que trabaje con personas necesita estar en posesión de algunas habilidades básicas: el mantenimiento de una actitud de comprensión y empatía, evitando a la vez los juicios negativos y la codependencia. Sólo con esto obtendrá intervenciones beneficiosas en la mayoría de las situaciones. Esta habilidad es el poder sanador de la amabilidad.

Además, el profesional competente de la salud mental o de los recursos humanos estará en contacto con la vanguardia de áreas comprobadas y bien estudiadas de conocimientos relevantes. Además él o ella buscarán supervisión y/o terapia cuando la necesiten y perseguirán un estilo de vida sano. Estos requerimientos son fundamentales para cualquier profesional moderno; el poder sanador de la inteligencia y la información.

La amabilidad y la inteligencia están bien, pero practicar el análisis transaccional requiere algo más. En su último libro, *¿Qué dice usted después de decir hola?* (1972) del cual hizo las últi-

* Traducción de Agustín Devós Cerezo.

mas correcciones desde su lecho de muerte en Carmel, Eric Berne, declara:

> Cualquier sistema o método que no esté basado en el análisis riguroso de las transacciones individuales para descubrir los estados específicos del yo que las componen no es análisis transaccional (Pág. 36).

Resulta innecesario decir que me gusta esta declaración. Ésta es la razón por la cual, cuando alguien me pregunta qué es un analista transaccional, yo respondo: «Un analista transaccional analiza transacciones». Añadiría que el análisis transaccional es un proceso contractual, que se aplica preferentemente en grupo, en el que se ofrecen permisos y una protección poderosa para aquellos que quieran aceptar los permisos.

Por su naturaleza contractual, en la que se hace una promesa y se espera un resultado, es un trabajo altamente exigente. El analista transaccional debe permanecer activamente comprometido con el cliente en la persecución de un objetivo concreto. Resulta difícil establecer y mantener la atención enfocada en una finalización satisfactoria del contrato. Ofrecer sugerencias creativas y efectivas, y hasta hacer demandas basadas en el contrato puede ser todo un reto. Trabajar con parejas o grupos es mucho más difícil que trabajar en sesiones individuales. No se tratará simplemente de reunirse con el cliente y esperar lo mejor confiando en la brillantez y la naturaleza conmovedora del analista; debe ofrecerse mucho más. Comencemos por el principio: el contrato.

9. EL CONTRATO*

El Análisis Transaccional es una forma contractual de tratamiento, que debe distinguirse de otras actividades que puedan ser de valor. Una persona puede hacer por sí sola o en grupo todo tipo de cosas que podrían ser beneficiosas. Ir a un partido de fútbol o a bailar, unirse a un grupo de encuentro, irse un fin de semana al bosque a meditar o comenzar un psicoanálisis son todas ellas actividades que pueden ser útiles. La diferencia básica entre estas actividades y el Análisis Transaccional es el contrato.

La mayoría de nosotros tenemos un sano deseo de enseñar, proteger y cuidar a personas que puedan necesitarnos. Muchos de nosotros hemos tenido también la experiencia de comenzar con tan loables motivos y finalmente sufrir a manos de las personas que estábamos tratando de ayudar. La elaboración de un contrato es el primer e indispensable paso para evitar entrar en los tres roles de los juegos —Rescatador, Perseguidor y Víctima— que conducen inevitablemente a una turbia relación «de ayuda». El Rescatador se sumerge en ésta cuando no está claro que se esté pidiendo ayuda (aunque pueda ser manifiestamente necesaria). El Rescatador se convierte en un Perseguidor enfadado cuando su ayuda no es eficaz o no es apreciada, y finalmente se convierte en la Víctima de las caóticas consecuencias de la desafortunada relación «de ayuda». Los contratos terapéuticos están diseñados para evitar estos errores.

---

* Traducción de Jesús Laguna Gómez.

Los contratos entre un cliente y una persona que se presenta a sí misma como un terapeuta competente, maestro, consejero, preparador o consultor, deben ser considerados con el mismo respeto que un contrato legal. Dos aspectos jurídicos de los contratos son plenamente aplicables a este tipo de contratos: 1) mutuo consentimiento informado y 2) compensación. Estos requisitos de un contrato legal se han desarrollado y refinado a través de los siglos, por lo que es razonable aceptarlos como pragmáticamente eficaces así como socialmente deseables en el establecimiento de un contrato de análisis transaccional.

ESTUDIO DE CASO DE UN CONTRATO

Para ilustrar voy a utilizar un contrato con una persona que abusa del alcohol, porque los contratos con alcohólicos son de lo más exigente e imprescindibles. Por ejemplo: Es común que los alcohólicos busquen terapia como consecuencia de presiones procedentes de la familia o de los tribunales. En tales casos, el terapeuta y el cliente contraen un tratamiento de terapia que no cumple ninguno de los dos requisitos de un contrato. El cliente realmente no consiente la terapia y no le da la suficiente importancia, mientras que el terapeuta no informa de lo que está ofreciendo y lo que se exigirá del cliente.

Cualquiera que ayude a una persona alcohólica debe ser consciente de los riesgos que implica. Una buena analogía sería la situación en la que una persona, mientras camina por la playa, ve a alguien ahogándose entre las olas. Salta al agua completamente vestido, nada hacia la víctima y, en el proceso de rescate se ahoga, mientras que la víctima, irónicamente, sobrevive.

Los socorristas aprenden técnicas encaminadas a impedir que los ahogue un nadador que se esté ahogando. Una persona que esté interesada en ayudar a otros con graves problemas auto-destructivos necesita desarrollar técnicas para evitar resultados similares. Estas técnicas serán útiles para asegurarse de no perder nuestras energías de ayuda, mientras que también nos salvaguardan de ser arrastrados por aquellos a quienes pretendemos ayudar.

Los alcohólicos y adictos a otras sustancias, jugadores, comedores compulsivos y pacientes con otras compulsiones auto-destructivas parecen tener un don para atraer la buena voluntad de personas que comienzan sintiendo que pueden ser de ayuda y que terminan abrumados y amargamente decepcionados. Empezamos una relación de ayuda con el amor en nuestro corazón y un verdadero deseo de ayudar, incluso si nuestra ayuda no es deseada. Si tenemos éxito siendo útiles, a medida que seguimos ayudando a otros, este deseo seguirá siendo parte de nuestra motivación. A menudo, sin embargo, nuestro deseo de ayudar se ve socavado por la derrota, y termina desapareciendo. Los contratos nos ayudan a evitar esos tristes resultados.

CONSENTIMIENTO MUTUO INFORMADO

El establecimiento y la ejecución de un buen contrato terapéutico dependen de un intercambio de información sofisticado, igualitario, democrático y bidireccional, y perfeccionado con la retroalimentación. El mutuo consentimiento implica que ambas partes en un contrato acuerdan consciente y sinceramente los términos del contrato. El consentimiento terapéutico implica la solicitud, la oferta y la aceptación de un servicio. El cliente está en la necesidad y busca ayuda específica, y el profesional entiende la situación y está dispuesto a hacer una contribución a la mejora deseada por el cliente.

Con el fin de hacer una oferta bien fundada e inteligente, el profesional debería comprender claramente la situación del cliente y lo que el cliente quiere lograr. Con el fin de que la aceptación constituya un consentimiento informado, el cliente necesita entender lo que el profesional requiere como condiciones de trabajo.

Un terapeuta puede asumir erróneamente que hay consentimiento mutuo en la consecuente relación cuando, en realidad, el cliente no está implicado voluntariamente, sino que se siente coaccionado e incluso víctima de la situación. En tales situaciones, el terapeuta de forma automática y sin darse cuenta se ha colocado en el papel de Rescatador y, al final, de Perseguidor. Establecer el consentimiento mutuo es especialmente importante con los alcohólicos, quienes a menudo están acostumbrados a ser colocados en una relación terapéutica sin ningún tipo de contrato.

Por otro lado, también es típico que un cliente bienintencionado y predispuesto acepte a ciegas entrar en la terapia sin comprensión alguna de los requisitos de ese tipo de psicoterapia, sólo para descubrir que lo que se esperaba es muy diferente y más complicado de lo previsto.

Una relación mutua, consentida e informada implica tres transacciones:

1. La solicitud de tratamiento para un problema particular.
2. Una oferta por el terapeuta del tratamiento para resolver ese problema en particular.
3. La aceptación del tratamiento por parte del cliente.

No es inusual que los terapeutas y clientes participen en una relación de terapia sin que estos tres elementos se hayan cumplido.

Considera la siguiente conversación entre Jonás, un alcohólico, y Carmen, una terapeuta.

Carmen: «¿Qué puedo hacer por usted, Jonás?».

Jonás: «Necesito entrar en terapia».

Carmen: «De acuerdo, tengo un hueco disponible el martes a las seis en punto. ¿Le viene bien?».

Jonás: «Sí, puedo. Entonces nos vemos el martes».

Carmen: «Bien».

Esta conversación puede parecer que logra un consentimiento mutuo informado. Sin embargo, puede resultar que en realidad la petición del cliente se entienda de la siguiente manera:

Carmen: «¿Qué puedo hacer por usted, Jonás?».

Jonás: (Mi esposa me está abandonando y fui arrestado por conducir borracho, y mi madre, el juez, y mi esposa dicen que necesito entrar en terapia, así que) «Necesito entrar en terapia».

Esto realmente no es una solicitud de tratamiento, y podría, en cambio, ser el movimiento de apertura de un frustrante juego de «Rescate», en el que, después de una frustrante serie de semanas, meses o años, no se obtienen resultados positivos, para gran decepción de todos.

Probemos de nuevo.

Carmen: «¿Qué puedo hacer por usted?».

Jonás: «Necesito entrar en terapia».

Carmen: «¿Por qué quiere terapia?».

Jonás: «Bueno, creo que la necesito».

Carmen: «Tal vez no la necesita. ¿Qué le hace pensar así?».

Jonás: «Bueno, estoy bebiendo demasiado, y me estoy enfermando. Mi esposa va a dejarme, y puede que tenga que ir a la cárcel por conducir borracho. Quiero dejar de beber porque me está arruinando la vida. ¿Cree que puede ayudarme?».

Carmen: «Sí, creo que puedo. Tengo un hueco disponible el martes a las seis en punto. ¿Le viene bien?».

Jonás: «Sí, puedo. Nos veremos el martes».

Este ejemplo incluye una solicitud de terapia, pero no se trata de una oferta adecuada, porque la terapeuta no ha declarado lo que pretende hacer o lo que espera lograr. Realmente no tiene la información para entender si en realidad puede ayudar y no ha declarado sus condiciones para ayudar.

De hecho, ambos están todavía en una considerable oscuridad con respecto al consentimiento mutuo informado. Una oferta terapéutica implica por parte de la terapeuta que entiende el problema, que está dispuesta a lidiar con él, y que tiene expectativas razonables de éxito en el proceso. Carmen hasta ahora no tiene suficiente información. Para que se produzca un consentimiento mutuo informado en un contrato por abuso de alcohol, la terapeuta necesita tener cierta información. Según mi experiencia, las siguientes cuestiones (o cuestiones similares en caso de otra clase de problema) deben ser investigadas antes de que un terapeuta pueda entrar en un contrato terapéutico con un cliente alcohólico.

¿Se reconoce la persona a sí misma como alcohólica? ¿Siente la persona que su forma de beber está fuera de control y/o que le está perjudicando? ¿Quiere la persona dejar de beber?

Si la terapeuta tiene la información adecuada acerca de los hábitos alcohólicos del cliente, puede ahora involucrarse en un consentimiento mutuo e informado.

Considera lo siguiente:

Carmen: «¿Qué puedo hacer por usted, Jonás?».

Jonás: «Estoy bebiendo demasiado, y me estoy enfermando. Mi esposa va a dejarme, y puede que tenga que ir a la cárcel por conducir borracho. Quiero dejar de beber porque me está arruinando la vida. ¿Cree que puede ayudarme?».

Carmen: «Está bien, Jonás, creo que puedo ayudarle. Déjeme decirle qué implica entrar en terapia conmigo. Tendré algunas expectativas: necesita venir a las reuniones de grupo cada semana en sesiones de dos horas y ocasionalmente sesiones individuales o de familia con su esposa y tal vez los niños. Es necesario que asista con regularidad y puntualidad y no haber bebido nada durante las anteriores veinticuatro horas. Este tipo de terapia no funciona mientras esté bebiendo, por lo que es necesario que deje de beber por completo lo antes posible y que a continuación no beba nada por lo menos en un año. Durante ese año, además de asistir regularmente al grupo, espero que se involucre de forma activa en trabajar sobre su problema, que incluirá hacer tareas entre las reuniones para cambiar su estilo de vida y su dieta, y tal vez asistir a Alcohólicos Anónimos. Si viene al grupo regularmente y no bebe durante un año, y si trabajamos juntos en su problema, pienso que se curará de su abuso del alcohol. Si está dispuesto a aceptar esto, podemos proceder. Tengo un espacio disponible para usted el martes a las seis».

Jonás: «Entiendo. Nos veremos el martes».

Este ejemplo tan condensado contiene los tres requisitos para el consentimiento mutuo informado: una solicitud, una oferta y una aceptación. El problema está definido: el abuso del alcohol. La cura se especifica: no más abuso de alcohol. Éste es un modelo para un inicio del contrato, aplicable a otros problemas distintos del alcoholismo, y es probable que resulte en satisfacción para cliente y terapeuta, así como para los demás miembros del grupo. Sugiero que esta conversación podría darse en la primera llamada por teléfono o e-mail para asegurarse de que existe una base para un contrato, y por lo que ni tiempo ni dinero son desperdiciados en una situación no sostenible. Una vez habiendo establecido esta base, se puede finalizar en una sesión inicial en el grupo.

En ocasiones, un individuo que busca terapia quiere trabajar en un problema menor e ignorar sus principales dificultades. Por ejemplo, Luis, jugador inveterado puede querer trabajar en su relación con su esposa, pero dejar aparte lo de las apuestas. Hacer una oferta para tratar un problema menor, como los problemas matrimoniales, sin abordar el mayor y más perjudicial problema del alcohol o el del juego es un error que sin duda dará lugar a dificultades. Se puede comparar con la realización de cirugía plástica en un paciente con una enfermedad que amenaza su vida, y debería ser rechazada por el motivo de que el problema principal es tan perturbador en sí mismo que derrotará todos los esfuerzos de trabajar algún otro problema menor. Esta solicitud debería ser denegada educadamente con una explicación franca.

COMPENSACIÓN

La compensación es el segundo requisito del contrato (después del consentimiento mutuo informado). Alguien que ayuda da de sí mismo. La persona ayudada tiene que dar algo a cambio. En términos jurídicos, esto se llama compensación. Todo contrato debe basarse en una compensación válida. Compensación válida se refiere a los beneficios que pasan entre terapeuta y cliente. El beneficio otorgado por el terapeuta debería ser siempre un intento competente para remediar el problema. A cambio, el cliente por lo general pagará una cuota.

Berne desarrolló la idea de los contratos porque se oponía al contrasentido, por parte de los psicoanalistas, de que no era necesario hacer ninguna especie de promesa o compromiso a cambio de sus honorarios. Los psicoanalistas también hablan de contratos terapéuticos (Menninger, 1958), pero estos contratos son unilaterales y se refieren sólo a lo que los pacientes deben estar de acuerdo en hacer: ser puntuales, la libre asociación, pagar por las sesiones perdidas, y así sucesivamente, nunca citando los deberes y obligaciones del analista. Estos contratos carecen de compensación mutua. Demos un vistazo a la compensación en detalle.

Como se indicó anteriormente, el beneficio conferido por el terapeuta debe ser una cura del problema. Por eso es importante que el cliente explique claramente lo que es insatisfactorio en su vida y lo que sería necesario para su satisfacción. Un cliente, llamémosla Alicia, necesita plantear específicamente lo que la está haciendo infeliz. ¿Está bebiendo demasiado? ¿Es incapaz de dormir? ¿Llora todo el tiempo? ¿Falla en tener buenas relaciones? ¿Sus amigos la evitan? ¿Es incapaz de mantener un trabajo? Alicia también debe ser capaz de indicar qué haría su vida satisfactoria. Conseguir un empleo y mantenerlo, tener una agradable relación amorosa, ser capaz de poder dormir y despertarse renovada y contenta la mayoría de los días, hacer amigos, deshacerse de los dolores de cabeza o parar de beber.

El terapeuta ha entregado su compensación en el contrato cuando el cliente y el terapeuta (y si es un grupo, los miembros del grupo) están de acuerdo en que el problema descrito en el comienzo de terapia ya no está presente. Por eso los problemas y sus curas necesitan establecerse de forma clara en términos observables, de conducta, simples, como en el caso anterior de Alicia. Sin esta declaración inicial, es imposible determinar si el problema se ha resuelto.

Llevar a término el contrato, llamado cura por Berne, es la compensación de los analistas transaccionales. Por otro lado, la compensación dada por el cliente puede variar. La compensación más común en el contrato terapéutico es el dinero, ya sea una tarifa habitual o una cuota ajustada a la capacidad de pago del cliente. Pero el dinero no es suficiente. Además, la compensación ofrecida por el cliente debe ser mantener un buen esfuerzo en todo el proceso, durante las sesiones y entre las mismas.

Para la eficacia de la terapia, el cliente debe tener un contrato claro de principio a fin. Cuando el contrato está finalizado aparece la cuestión: «¿Está completada la terapia, o deberíamos empezar con otro contrato?». La respuesta a esta pregunta es cosa del cliente más que del terapeuta. A veces un contrato inicial puede resultar ser erróneo o inviable y necesita ser revisado. Cualquier nuevo contrato debería ser realizado con la misma atención escrupulosa a la implicación mutua que en el primer contrato. Los terapeutas necesitan estar atentos a esa tendencia común en nuestra profesión, que nos obliga a decir a nuestros clientes lo que deben (o no deben) hacer. Esto es esencial para garantizar que los contratos suscritos se basen en las necesidades y los deseos del cliente en lugar de los del terapeuta. Esto no quiere decir que el terapeuta no deba expresar libremente sus opiniones sobre esta o cualquier otra cuestión, sólo que estas opiniones deberían estar respaldadas por las necesidades y opiniones del cliente.

Me he centrado en el tipo de contrato que uno podría hacer con un alcohólico; aquí hay algunos contratos adicionales posibles:

- Encontrar un trabajo mejor.

- Dejar de tomar azúcar. (O de tomar café, o fumar, o las tres cosas).
- Hacer amigos.
- Mejorar la vida sexual.
- Luchar y ganar al Padre Crítico.
- Dejar de Rescatar.
- Detener los dolores de cabeza.
- Fomentar el Padre Nutricio.
- Ganar un salario mejor.
- Dar más caricias.
- Superar la depresión.
- Ser más productivos.
- Superar la ansiedad.
- Ser más veraz.
- Mostrar sentimientos.
- Amar y ser amado a cambio.
- Comer mejor.
- Y así sucesivamente.

CON ALGO DE AYUDA DE NUESTROS AMIGOS*

Las personas que como amigas deseen ayudar a otras tienen que ser igual de escrupulosas acerca de su participación en una relación de ayuda con el fin de evitar engancharse en Rescates. Rescatar implica hacer algo que no quieres hacer, o hacer más de lo que te corresponde. Para evitar Rescatar a un amigo, primero debemos estar seguros de que realmente deseamos ser de ayuda a esta persona y, en segundo lugar, que la persona a la que ayudamos esté dispuesta a trabajar en el problema al menos tan duro como nosotros mismos. También es importante obtener algo a cambio (no necesariamente de tipo material) por nuestro esfuerzo. Si estoy

---

* Tomado de una canción de The Beatles, *With a little help from my friends.* (*N. del E.*)

dispuesto a hablar contigo por teléfono durante una hora sobre tu problema, entonces espero que estés dispuesto a escucharme durante una hora en algún momento en el futuro, si yo necesitara tal apoyo. Si voy a tu casa y te ayudo a limpiar el desorden que has permitido que se acumule en tu casa, entonces yo espero que me ayudes si necesito limpiar mi garaje. Haré un esfuerzo para pedir tu ayuda, y que así podamos mantener en equilibrio la energía que nos dedicamos el uno al otro. La ecuación energía de entrada/energía de salida, tiene que mantener cierta apariencia de equilibrio entre nosotros o vamos a caer en un juego de Rescates o Salvación y yo inevitablemente me pondré furioso contigo, dejaré de tener interés en ayudarte, y puede que finalmente te Persiga.

Estos acuerdos entre amigos se suelen dar por sentado sin la necesidad de hacerlos explícitos. Pueden funcionar, pero puede que no. Algunas veces la gente ayuda «desinteresadamente» a otros con sus problemas personales sin esperar nada a cambio, cosa que no siempre es un enfoque acertado. Como mínimo, alguien que ayuda puede esperar, desde quien está siendo ayudado, un esfuerzo enérgico por cambiar, la voluntad de trabajar duro y un afán de aprender. Para muchas personas que ayudan, este tipo de actitud positiva es suficiente compensación por su trabajo. Si es así, todo bien, es lo menos que cabe esperar. Esperar más también es razonable.

EL CONTRATO DE COOPERACIÓN: SIN JUEGOS DE PODER

Además de los contratos personales específicos sobre los que cada cliente trabaja, hay otro contrato que establezco en mis grupos o con las personas: el Contrato de Cooperación. Este contrato especifica que no habrá juegos de poder en nuestro trabajo conjunto: especialmente ni Rescates ni mentiras. Esto por supuesto, incluye tanto al cliente como al analista transaccional. He explicado los juegos de poder en el

Capítulo 4; permíteme tratar brevemente el significado de la prohibición de la mentira y de los Rescates.

SIN RESCATES

A menudo los Rescates contienen un deseo genuino de ayudar que también puede estar basado en un deseo sutil de hacer a otros deudores nuestros, o en la incapacidad de decir no cuando se nos pide algo. Cuando nos tememos que nos han atrapado en un Rescate que nosotros mismos hemos creado puede ser difícil estar seguro; aquí están los dos criterios específicos que definen una transacción de Rescate.

Rescatamos cuando:

- Hacemos algo que no queremos hacer, o
- Hacemos más de lo que nos corresponde en una situación.

Es muy importante distinguir entre el rescate como una actividad humanitaria y el Rescate como rol emocionalmente dañino. Por eso en análisis transaccional los escribimos en minúsculas y mayúsculas respectivamente. Está claro que si alguien está indefenso y necesita alimento, atención médica o consuelo, podemos ser de ayuda y deberíamos ofrecerla. Si llegamos en un momento crucial y literalmente salvamos la vida de alguien, lo hemos rescatado de una manera profundamente positiva.

No obstante, muy a menudo en casos en los que estamos «ayudando» a otros, en realidad estamos causando un daño, incluso aunque creamos que estamos haciendo un bien. Una persona que es una Rescatadora habitual, siempre haciendo más de lo que le corresponde u ocupándose de actividades en las que ella realmente no quiere participar, lo más probable es que esté creando problemas interpersonales para ella y para otros. Los Rescates indeseados fomentan el egoísmo, la dependencia y un comportamiento de indefensión por parte del Rescatado/Víctima. También se lleva por delante la iniciativa y el poder personal de la persona Rescatada, mientras que al final creará enfado y resentimiento tanto en el Rescatador como en el Rescatado.

SIN MENTIRAS

«Sin mentiras» significa un acuerdo para poner en práctica la verdad radical. Algunos pueden considerar este requisito excesivo, pero la capacidad de percibir, entender y hacer frente de manera efectiva al mundo está severamente limitada en nuestra vida por las mentiras. El proceso de clasificar lo que es cierto y lo que es falso, cuándo mentir y cuándo decir la verdad, qué creer y qué no creer, qué queremos y qué no queremos, ocupa nuestras mentes y les impide trabajar en su nivel óptimo. Se dice que usamos sólo una pequeña fracción de nuestra capacidad mental. Si esto es así, seguramente se debe a que la mayor parte de nuestra capacidad mental se despilfarra con información confusa, información errónea, desinformación, falsedades y mentiras.

El acuerdo de no mentir significa que no serán contadas deliberadamente falsedades o mentiras por comisión, y que no serán permitidos tampoco los secretos o mentiras por omisión. Por ejemplo, si a una miembro del grupo de alcohólicos que ha estado bebiendo se le pregunta acerca de ello y lo niega, ésta es una mentira por comisión. Pero si no se le pregunta y no lo menciona, ella está mintiendo igualmente: mentira por omisión, el acto deliberado de mantener un secreto, ocultando lo que el grupo quiere o necesita saber. Esto incluye la ocultación de sentimientos, deseos u opiniones. Si una persona tiene un enfado o sentimientos de amor duraderos, no expresar estos sentimientos es guardar un secreto. Del mismo modo, no expresar deseos o críticas también es una forma de mentir.

Acordando no mentir se alienta a los clientes a expresar honestamente sus emociones y opiniones y les disuade de mantener los secretos que podrían interferir en el trabajo. Crea un contexto ideal en el que pedir lo que uno quiere y evita Rescates. Saber que no hay juegos de poder, Rescates ni mentiras facilita la verdad y el sentimiento de seguridad que son esenciales para la discusión abierta y honesta de todas las facetas de la vida de uno, hasta de las más embarazosas.

Decir la verdad implica pedir el cien por cien de lo que uno quiere, el cien por cien de las veces. Una vez que los deseos de todos están sobre la mesa, la cooperación requiere la negociación hasta que todos estén satisfechos al máximo dentro de lo posible.

Los contratos de cooperación, junto con los contratos individuales de cada uno de los miembros, son ayudas para una resolución eficaz y eficiente de los problemas de trabajo. Al mantener la atención focalizada en lo que se está haciendo, evitando el despilfarro de las consecuencias de los Rescates, y la confusión de las mentiras, los contratos de cooperación son una potente estructura social dentro de la cual las personas pueden mejorar radicalmente sus vidas.

La verdad radical —siempre sin mentiras— es la extensión lógica de este punto de vista. Sin embargo, la verdad radical es claramente una propuesta extremista que, si se toma en serio, tiene que ser abordada con cuidado. Toda persona que insistiera en ser completamente veraz estaría tan fuera de lugar con el resto del mundo, que podría pronto ser encarcelada u hospitalizada. Si se considera que ser radicalmente veraz implica nunca mentir sobre algo, así como decir todo lo importante que uno quiere, siente o cree, se puede ver que el proyecto tiene sus peligros. De hecho, inicialmente sólo es aconsejable en la más íntima y estrecha relación, y sólo por acuerdo mutuo.

La verdad radical y no Rescatar es un ideal por el que vale la pena luchar y que se puede ejercitar en la práctica en nuestra vida personal. Lo hago y lo espero de mis colegas más cercanos, de mis amigos y de mis familiares. De hecho, uno de los requisitos que hemos fijado en el programa de Entrenamiento en Educación Emocional es que la vida personal del potencial entrenador debe estar libre de mentiras (y por tanto de Rescates). Si ése no es el caso, él o ella deben mantener un claro compromiso de aclarar las mentiras con la familia íntima y con sus amistades antes de ser certificado como instructor. ¿Esto es algo que, algún día en el futuro, se podría esperar de nuestros políticos y demás encargados de tomar decisiones?

10. PERMISO, PROTECCIÓN, POTENCIA Y EL PADRE CRÍTICO*

Las operaciones básicas del método del análisis transaccional —conocidas coloquialmente como las tres P's— son Permiso, Protección y Potencia. A éstas añadiré Desactivar al Padre Crítico.

PERMISO

La primera de las tres P's del tratamiento del análisis transaccional —el Permiso— es una transacción que está íntimamente unida a la teoría del guión. La teoría propone que la conducta de guión de las personas está controlada por los mandatos del Padre Crítico. El alcoholismo, que muy a menudo es un guión, nos proporciona un buen ejemplo.

Eric Berne observó que un alcohólico necesita permiso *para no beber*. Esto tiene sentido si uno tiene en mente que un alcohólico está envuelto en un guión, y que un guión es el resultado de la presión parental en forma de mandatos y atributos. Como consecuencia, y en teoría, el alcohólico tiene órdenes de beber, y necesita permiso para no hacerlo. El concepto de Permiso se vuelve muy claro cuando se aplica, por ejemplo, a un joven alcohólico que está rodeado de compañeros de trabajo que son bebedores serios; puede sentir una pérdida de apoyo y de autoestima si decide dejar de beber e ir contra los retos ocultos y manifiestos de sus colegas abusadores del alcohol y de sus costumbres. El mismo meca-

* Traducción de Agustín Devós Cerezo.

nismo es aplicable a una variedad de actividades autodestructivas que requieren de permiso para ser detenidas. Trabajar muy duro o no lo suficiente («Está bien no trabajar tanto» o «Está bien trabajar duro»). Igualmente, tener demasiado sexo o muy poco, ser más o menos amigable, etc.

El Permiso es una transacción en la cual el analista transaccional intenta alinear al cliente con su estado del yo original de Niño Natural, libre de mandatos y atributos. El Permiso es una transacción entre múltiples estados del yo. Por parte del analista transaccional, el Padre Nutricio dice claramente: «Deja de beber, eso es lo mejor para ti, y lo que has de hacer», el Adulto dice «Beber no es una estrategia de vida racional», y el Niño dice «Por favor, deja de beber, ¡te está haciendo daño!».

El Adulto del alcohólico necesita entender lo ineficaz y dañino que es beber. Si el Adulto no está convencido del daño que le provoca la bebida, el Permiso simplemente se transforma en una orden a la que se puede resistir. Por ejemplo, el alcohólico que está a punto de perder su trabajo porque bebe puede ignorar esta declaración: «No mantendrás tu trabajo a menos que dejes de beber», ya que, por el contrario, él cree que no mantendrá su trabajo si no puede ser un bebedor social. Por tanto, si no se recibe y acepta el mensaje Adulto-a-Adulto, el permiso no funcionará. La labor terapéutica en este punto sería reconocer el problema, que el alcohólico cree que tiene que beber para mantener su trabajo.

El Permiso requiere la implicación del Niño del alcohólico para que responda a los deseos del Padre y del Niño del analista, quien desea que deje de beber. Si el Niño del cliente no está abierto al Padre del terapeuta, la información del Adulto carecerá de poder para superar los mandatos del guión. El Padre que da el Permiso debería ser el Padre Nutricio y de ninguna manera el Padre Crítico. En ocasiones resulta difícil discernir la diferencia entre estos dos estados del yo, excepto por el tono de la transacción. Por ejemplo, un terapeuta que trabaja con una mujer que se considera a sí misma promiscua puede decirle «Deja de tener sexo con extraños». Dependiendo del tono de la frase puede significar «Deja de tener sexo con extraños (so puta)», o puede significar «Deja de tener sexo con extraños (es una buena idea y tú puedes hacerlo)», que sonará de manera muy diferente.

Por último, el Niño del terapeuta está implicado con su cándido deseo de que el cliente cese de hacerse daño a sí mismo y aprenda a divertirse de forma limpia, buena y sin daño. Aquí es importante que el Niño del terapeuta no colabore secretamente con la «diversión» insana que el cliente puede estar obteniendo con su comportamiento autodestructivo. Evitar la «transacción de la horca» resulta crucial. En el trabajo con alcohólicos la transacción de la horca ocurre cuando la gente se ríe —normalmente con el alcohólico— de alguna conducta patética y dolorosa de éste. El cliente puede decir «Chico, vaya borrachera la de anoche, estaba tan borracho que me fui a la cama con los zapatos puestos, jajá». Si el terapeuta rompe con una sonrisa divertida, su niño estará tomando partido por el guión autodestructivo del alcohólico, un tipo de transacción común. Las transacciones de la horca son comunes en las conversaciones acerca de problemáticas; jugar, golpear, abusar, estafar, beber, drogarse, promiscuidad, etc., y se deben evitar aun a costa de ser un aguafiestas.

El uso del Permiso como maniobra terapéutica puede incluir permiso para pensar, para hablar, para moverse, para pedir, para reír, para llorar, o para dar y recibir, aceptar y rechazar caricias. Por ejemplo, una paciente adicta a la heroína que mejoró muy visiblemente su situación al permanecer limpia durante todo un año nunca inició por sí misma relaciones sociales, sino que para mantener el contacto social más bien se unió a cualquier actividad que iniciaban sus escasas amistades. Cuando esto se apreció, se hizo evidente que ella necesitaba Permiso para pedir a la gente el contacto social que necesitaba y que quería. Se le dijo, como parte de su trabajo entre sesiones, que pidiera a alguien que la acompañara a ver una película. Demostró ser una tarea muy difícil, que ella no fue capaz de desarrollar en semanas. Esta dificultad se convirtió en el foco principal de la terapia, el «impasse» de la paciente más allá del cual ella se tenía que mover para proceder hacia una mejora permanente. La insistencia e interés del terapeuta en esta acción concreta y las discusiones que la rodearon tuvieron el efecto deseado. Finalmente se deshizo del fuerte mandato del Padre Crítico en contra de hacer peticiones («No pidas a la gente que te acompañe; parecerás necesitada y te rechazarán»). Reunió el coraje suficiente e invitó a un amigo al cine, un acto que demostró ser un crucial primer paso en su recuperación definitiva y permanente.

PROTECCIÓN

La Protección es el corolario necesario del Permiso. Dado que el Permiso posibilita al cliente a ir contra los mandatos del Padre Crítico y su formidable apoyo social, esto lleva a pensar que el cliente necesitará un apoyo personal fiable, de confianza y vigoroso. La experiencia me ha mostrado que cuando la gente abandona su obediencia al Padre Crítico experimenta una ansiedad específica que denomino ansiedad existencial. La naturaleza aborrece el vacío, y cuando dejamos actividades dañinas que han llenado nuestros días durante toda una vida, queda un hueco que busca urgente y ansiosamente ser rellenado. Contra esa ansiedad es contra lo que está diseñada la Protección. La Protección de un terapeuta potente en forma de disponibilidad por teléfono o correo electrónico, la posibilidad de tener citas personales no programadas y un apoyo especial es crucial en esos instantes. También se debería animar a los miembros del grupo a estar disponibles para dar un apoyo protector cuando sea posible (llamadas de teléfono, actividades juntos, quedar para almorzar o para tomar un café). Sin estos contactos sociales protectores el cliente estará en riesgo de que le superen los mandatos del guión.

POTENCIA

La Potencia terapéutica se refiere a la capacidad del terapeuta para aportar una cura rápida y esperanzadora. La Potencia del terapeuta tiene que ser equivalente a la potencia y severidad de los mandatos establecidos en el pasado del cliente. La Potencia conlleva que el terapeuta está deseando de intentar curar al paciente y de estimar el tiempo y el gasto implicado. Significa que desea enfrentarse al cliente y ejercer presión para el cambio. Significa que el terapeuta está deseando ofrecer Protección al cliente cuando sea necesario. La Potencia, cuando el terapeuta se esfuerza por alcanzar algo, se interpreta a menudo como que implica un deseo de omnipotencia ilegítimo. No obstante, la diferencia entre Potencia y omnipotencia está bastante clara, y los analistas transaccionales, conscientes de sus limitaciones así como de aquellos conceptos de la Potencia terapéutica, raras veces están infectados de «fantasías de omnipotencia» o, en términos transaccionales, de ser enganchados por el papel de Rescatador. La omnipotencia implica eficacia sin esfuerzo, la potencia requiere trabajo duro pero también efectivo, o sea, sin Rescates.

El deseo de Potencia terapéutica hace al analista transaccional querer considerar el uso de cualquier técnica que tenga potencial, o que demuestre utilidad para completar el contrato; las técnicas terapéuticas son miríadas y están en constante innovación. El terapeuta potente sabe qué técnicas son éticas, sus ventajas e inconvenientes, y es capaz de adaptar creativamente las técnicas a las necesidades específicas del cliente.

11. DESACTIVANDO AL PADRE CRÍTICO*

El Padre Crítico, llamado originalmente el Padre Cerdo, fue uno de los primeros conceptos del movimiento de la Psiquiatría Radical y fue acuñado por Hogie Wyckoff, primera en sugerir que el Padre Crítico era una influencia netamente negativa en la vida de los individuos y que era necesario aislarlo y desactivarlo si queremos desarrollar nuestro poder personal.

Si recordamos que los estados del yo son en realidad metáforas, conceptos que representan algo importante y real de una forma simbólica e intuitiva, nos debemos dar cuenta de que el Padre Crítico es como llamamos al sistema de normas, actitudes y conductas alojadas en nuestra mente, que han oprimido a la gente desde tiempos inmemoriales. El Padre Crítico personificado en la Inquisición, la Sharia, el Nacionalsocialismo, el Comunismo Soviético o Camboyano y una lista interminable de «ismos», matará, torturará y mutilará a la gente que se aparte de sus deseos. Eliminará a los que disienten, arrojará ácido en la cara de las mujeres que se atrevan a mostrarse sin velo, lapidará a las adúlteras, las violará e infectará con el virus del SIDA; la lista de atrocidades es interminable. Estos comportamientos bárbaros serán atribuidos más a la Bestia Interior que al, en cierta medida, civilizado Padre Crítico con el que estamos familiarizados, pero se originan exactamente en el mismo lugar en la mente, en los mismos circuitos neuronales que nos dicen todos los días, en nuestros co-

* Traducción de Susana Arjona Murube.

legios, en la iglesia, en los dormitorios, en la cocina y en las calles, que tanto nosotros mismos como los demás somos malos, locos, tontos, enfermos o feos; la fuente es la misma. Por eso debemos privarlo radicalmente del poder que tiene en nuestras vidas.

La razón de ser de las tres P's es la de ocuparse del Padre Crítico. El Permiso revoca las órdenes dadas por el Padre Crítico, la Protección defiende a la persona de los ataques del Padre Crítico y de sus esfuerzos por minar los cambios beneficiosos que el Permiso quiere promover. La Potencia requiere que el profesional que esté ayudando a la persona tenga más poder que el Padre Crítico. Todos los ejercicios del programa de entrenamiento de educación emocional están diseñados para desafiar los mandatos del Padre Crítico contra las caricias positivas, contra la sinceridad acerca de nuestros sentimientos y sobre la vergüenza de asumir nuestra responsabilidad cuando hemos cometido un error. Además el hacer contratos mina la influencia del Padre Crítico al especificar los detalles de sus efectos debilitantes y tratándolos específicamente con acciones efectivas.

El análisis transaccional centrado en las caricias apunta al Padre Crítico y busca eliminarlo. En la década de los años 70 el primer ejercicio encaminado a ayudar a los individuos a librarse de su Padre Crítico se llamó «Fuera el Cerdo». Desde entonces ha sido depurado y se le ha dado el nombre menos provocativo de «El Ejercicio del Padre Crítico».

EL EJERCICIO DEL PADRE CRÍTICO

De vez en cuando una persona desea poner en el objetivo a su Padre Crítico. El ejercicio tiene lugar en grupo, pues requiere varios participantes además de un líder de grupo.

Silvio, un miembro de uno de mis grupos, por fin ha expresado su deseo de hacer algo definitivo respecto a la manera en que su Padre Crítico lo ha socavado durante años; un hecho que no se había puesto de manifiesto en los seis meses en que había participado en nuestros grupos.

El ejercicio consta de tres partes;

- La puesta en escena
- El exorcismo
- El cierre

La Puesta en Escena

Pedimos a Silvio que recuerde el mayor número posible de mensajes de su Padre Crítico y los escribimos en una pizarra. Al principio sólo puede pensar en uno: «Eres un fraude, la gente acabará dándose cuenta». Profundizamos algo más y se le ocurre una larga lista: «Estúpido»; «Incapaz de pensar con claridad»; «Perdedor»; «Nunca tendrás éxito; nunca serás tan bueno como tu hermano»; «No tienes cerebro y no llegarás a ninguna parte». Cuando hemos apuntado todas estas afirmaciones, Silvio y el terapeuta, con las sugerencias del grupo, las reducen a su esencia. Los mensajes redundantes se borran y el resto es agrupado en categorías hasta llegar a una lista concentrada de unos seis, que esencialmente dicen: «Eres estúpido», «No vales nada» y «Eres un fraude».

Pedimos a Silvio que elija a una persona del grupo para hacer el papel de Padre Crítico Perseguidor. Si esa persona declina la invitación, debe elegirse a otra. El terapeuta no debe bajo ninguna circunstancia ofrecerse a hacer este papel ya que eso podría interferir gravemente con su papel de Adulto como líder del ejercicio. A continuación pedimos a Silvio que escoja a alguien para hacer el papel de Padre Nutricio. El Padre Crítico se sienta frente a Silvio a una distancia adecuadamente agresiva y el Padre Nutricio se sienta o se pone de pie en silencio detrás del hombro de Silvio. Ponemos la pizarra detrás de Silvio para que la vea el Padre Crítico, el grupo y el terapeuta, que se sienta en un lado, entre Silvio y el Padre Crítico, a la misma distancia de cada uno.

El Exorcismo

El terapeuta da instrucciones al Padre Crítico de que lea los mensajes en silencio, cierre los ojos y organice un ataque verbal en el que lance todos los mensajes de la pizarra sin limitarse de ninguna manera. Se exhorta al Padre Crítico a que no se guarde nada, dado que el ejercicio depende de la confrontación sin trabas en la que nada quede sin decir. Cuando todos están preparados, el Padre Crítico abre los ojos y comienza su ataque de la forma más agresiva posible. El Padre Crítico puede gritar o susurrar, o hablar con calma; lo importante es que no se contenga.

Al principio Silvio se aturde, como los demás miembros del grupo. Con el apoyo del terapeuta, y en caso necesario, de las respuestas que éste le sugiere, Silvio comienza a contestar a los ataques. Primero sus respuestas son débiles e incoherentes; en otras empieza a llorar o se queda completamente callado. Paulatinamente, con el apoyo del terapeuta y mientras los demás observan en silencio, Silvio comienza a concentrase en su defensa. El Padre Crítico dice: «Eres estúpido, no piensas con claridad» Silvio responde con voz trémula «No, no soy estúpido». El terapeuta le insta a que lo repita de forma más convincente. Así lo hace y añade «Sé que el estúpido eres tú. Cállate la puta boca». El terapeuta le susurra «¡Bien!». El Padre Crítico grita: «Nunca triunfarás Silvio, eres un fraude, un fraude, ¿me oyes?». Silvio se queda callado y el terapeuta le sopla «tú eres el fraude». Silvio lo capta y responde «¡Sí!, tú eres el fraude, ¡haces como que lo sabes todo y no tienes ni idea de nada!».

El Padre Crítico vuelve a la carga: «Nunca triunfarás y lo sabes». Silvio: «Ya he triunfado, tengo una titulación, he criado a dos hijos y me desharé de ti. Ése será mi mayor triunfo». Después de diez o quince minutos así el Padre Crítico empezará a quedarse sin ideas y tácticas, momento en el que el terapeuta puede sugerir nuevos insultos basados en lo que pone en la pizarra: «No tienes lo que hay que tener para deshacerte de mí. No eres tan bueno como tu hermano».

El diálogo continúa así y finalmente el Padre Crítico se quedará literalmente sin fuerzas y no tendrá nada más que decir. No debe tratarse de una actuación ni de una retirada por compasión, sino de una verdadera pérdida de energía. El ejercicio refuerza el concepto de que el Enemigo Interno es una persona real que ha sido introyectada y cuyo único poder es la desinformación agresiva y llena de prejuicios a la que Silvio no sabía cómo enfrentarse. Con el apoyo activo del terapeuta y del grupo, y el apoyo físico y callado del Padre Nutricio, Silvio ha adquirido el aplomo y los argumentos necesarios para derrotar al corpulento Padre Crítico que reside en su interior. Cuando parece que Silvio ha ganado argumentos contra el Padre Crítico, que ahora se ha quedado sin palabras, el terapeuta da por finalizado esta fase del ejercicio.

El Cierre

El grupo aplaude y celebra, y se comenta el proceso. Normalmente algunos habrán llorado, otros han pasado un mal rato e incluso algunos están escandalizados por la aparente brutalidad del proceso. El terapeuta da las gracias al voluntario que ha hecho el papel de Padre Crítico y se asegura de que está bien. Silvio agradece el buen trabajo hecho por el Padre Crítico y se les anima a darse un abrazo. Se anima a todo el grupo a que dé caricias a Silvio, a los voluntarios que han hecho de Padre Crítico y de Padre Nutricio y al terapeuta. Se insta a Silvio a que repita al grupo los argumentos más convincentes que le han merecido la victoria y a que los ensaye a diario mientras se afeita antes de ir a trabajar.

Se debe haber dejado algún tiempo planificado por si algún miembro del grupo está alterado o aún bajo el efecto del ejercicio, para procesar su respuesta emocional. En el caso extremo —nunca se me ha dado en mi experiencia— de que el Padre Crítico de alguna manera se las arregle para mantener el control de Silvio, el terapeuta tendrá que restablecer el optimismo y la fe en el proceso de curación, poniendo de manifiesto y clarificando el poder de este Padre Crítico en particular, y acordar el volver a este ejercicio en el futuro.

****

El Ejercicio del Padre Crítico es un perfecto ejemplo de la aproximación de la psiquiatría radical a los problemas emocionales de la gente. La teoría de la psiquiatría radical mantiene que recuperamos nuestros poderes alienados por medio de tres procesos coordinados: contacto, toma de consciencia y acción. En resumen:

Poder en el mundo = Contacto + Consciencia + Acción.

El acoso hostil del Padre Crítico de Silvio erosionaba constantemente su poder. El Padre Crítico también minaba sus relaciones con los demás, con sus constantes interferencias y juicios de valor. El Contacto es en este caso el apoyo del grupo. La Consciencia es la documentación detallada de la influencia opresiva del Padre Crítico, y finalmente la Acción consiste en los pasos que Silvio ha dado para acorralar al Padre Crítico. Además, las tres P's del análisis transaccional también están implicadas. El Permiso para luchar contra el Padre Crítico, la Protección proporcionada a Silvio por medio del grupo y el apoyo del terapeuta, y la Potencia en la ayuda y las aportaciones hechas por el terapeuta.*

He comparado este ejercicio a un exorcismo y de hecho la similitud es obvia con ese proceso. Pero hay una diferencia. Un exorcismo es una experiencia pasiva para el poseído. Este ejercicio depende de que Silvio recupere su poder y su compostura con las herramientas y el apoyo dado por el grupo y el terapeuta. La diferencia crucial entre la aceptación pasiva de ayuda y la participación activa en esta autoayuda se resume en el conocido aforismo: «Puedes alimentar al hambriento o bien enseñarle a pescar».

---

* Véase www.claudesteiner.com/rp.htm para obtener más información sobre psiquiatría radical.

12. ENTRENAMIENTO EN EDUCACIÓN EMOCIONAL: LA APLICACIÓN DEL ANÁLISIS TRANSACCIONAL A LAS EMOCIONES. *

Como he mencionado antes, en relación con el lado emocional del proceso terapéutico no hubo un mayor énfasis en el pensamiento de Eric Berne cuando desarrolló el análisis transaccional. Aunque Berne nos enseñó a saborear y admirar al Niño, también mantuvo una indiferencia sospechosa acerca de la emoción humana. Sin embargo, al inventar el concepto de caricias y diseñar técnicas para el análisis de transacciones —el intercambio de caricias— sentó las bases de un método pragmático de estudio del aspecto emocional de las interacciones humanas. El entrenamiento en educación emocional es la aplicación del análisis transaccional para el estudio y el uso eficaz de nuestras emociones. En este capítulo, se define la educación emocional, se resumen los métodos de entrenamiento y se exploran diferentes contextos para la formación.

TEORÍA DE LA EDUCACIÓN EMOCIONAL

Como consecuencia de ser rechazadas por la investigación en psicología, las emociones se quedaron sin el favor de la práctica psiquiátrica y psicológica. Se convirtieron en el invitado no deseado; el elefante en la cacharrería; el gran desestabilizador de la civilización; el enemigo de la ciencia y la tecnología; las amenazadoras de la racionalidad y la lógica; la

---

* Traducción de Jesús Laguna Gómez.

maldición de las mujeres, el defecto de las personas de color, la fuente de la transferencia erótica, la contratransferencia y otras alteraciones terapéuticas, algo que ha puesto a prueba la impasibilidad de los profesionales; turbias, inquietantes y fuera de control. Últimamente, los psicólogos experimentales con la ayuda de sofisticadas técnicas de alta tecnología han sido capaces de llevar el estudio de las emociones al campo científico (*National Advisory Mental Health Council*, 1995). La posibilidad de monitorizar el más mínimo movimiento de músculos faciales, respiración, transpiración, ritmo cardíaco, actividad cerebral y otros aspectos relacionados con la emoción se ha traducido en un gran aumento en investigación y literatura relacionada.

Daniel Goleman en su libro *Inteligencia emocional* (1995) llevó de nuevo las emociones al centro de la atención. En su *best-seller* internacional proporciona una argumentación levemente entrelazada pero convincente, usando la investigación científica puesta a disposición por los pioneros en inteligencia emocional, Mayers y Salovey (2008), y otros. El punto singular del libro es la importancia que tiene el CE (Cociente Emocional), en lo bien que llevamos a cabo nuestra vida.

Cuando apareció el libro de Goleman, yo había desarrollado mi propia perspectiva sobre el tema de las emociones y la educación emocional. En el centro de mi interés estaba la consciencia de las emociones, lo cual me llevó a desarrollar una escala de consciencia emocional.

UNA ESCALA DE CONSCIENCIA EMOCIONAL

La consciencia de las emociones es una destreza fundamental de una habilidad mayor a la que llamo educación emocional. La escala de consciencia emocional representa un hipotético *continuum* —de 0% a 100%— de la consciencia emocional.

100%
¿¿¿???
Interactividad
Empatía
Causalidad
Diferenciación
———BARRERA VERBAL———
Experiencia fundamental caótica
Sensaciones físicas
Embotamiento
0%

FIGURA 5. Una escala de consciencia emocional

La Experiencia Fundamental

Accedemos a la vida en un estado altamente emocional y potencialmente caótico. En este nivel primario de consciencia emocional, las emociones son conscientes y experimentadas como un intenso nivel de energía interna que no se puede expresar en palabras ni puede ser controlado; indiferenciado, pero, sin duda, real. Posiblemente este estado emocional es compartido con otros animales y se puede observar fácilmente en mamíferos como perros, gatos, caballos, vacas, etc.

A partir de este estado caótico característico, sólo los animales denominados seres humanos, con sus habilidades lingüísticas y abstractas, pueden desarrollar un nivel de consciencia emocional altamente sofisticado. También, por lo general como consecuencia de un trauma emocional, la consciencia puede descender a niveles inferiores que terminan tal vez en un completo embotamiento emocional. Ambas evoluciones contrapuestas de la consciencia se muestran en la Figura 5.

La Barrera Verbal

La capacidad de las personas para comunicarse e intercambiar información emocional hace posible el desarrollo y elaboración de los estados de consciencia emocional. Sin una conversación relativa a las emociones en la que la gente hable acerca de sus sentimientos, la siguiente etapa de la consciencia emocional —la diferenciación— es muy poco probable si no imposible de desarrollar. Aquí es donde el análisis transaccional entra en juego. Con las técnicas del análisis transaccional —nuestro análisis sistemático y minucioso de hechos transaccionales y nuestro enfoque en los contratos— una persona puede participar con éxito en el proceso de comunicación esencial para poder desarrollar la consciencia elaborada y diferenciada de las emociones.

Para poder utilizar eficazmente el lenguaje y «cruzar la barrera lingüística» necesitamos un contexto social muy especial. Se requiere una «actitud amistosa» hacia las emociones para que puedan producirse los intercambios transaccionales sinceros y desde el Adulto sobre nuestros sentimientos, con personas que estén dispuestas a tratar los sentimientos de una manera honesta e interesada. Las habituales insinceridades emocionales y las mentiras tienen que dejarse de lado en favor de un deseo mutuo de investigar y entender nuestras emociones en sus más sutiles manifestaciones. Sólo así será posible avanzar en la dirección de la diferenciación de los sentimientos, la empatía y la interactividad.

Diferenciación

La diferenciación es el proceso de reconocimiento de las diferentes emociones y de sus intensidades. Desde el caos emocional y primario, somos capaces de extraer el temor, la ira, el amor, la alegría, la tristeza o la esperanza que componen nuestra complicada experiencia. Aprendemos a darnos cuenta, por ejemplo, de que a veces sentimos emociones sueltas y otras veces como combinaciones de amor y tristeza, odio y miedo, alegría y tristeza, o ira, miedo y esperanza en complicadas combinaciones de emociones primarias. Además de aprender lo que son las emociones, también reconocemos que aparecen en diferentes intensidades; de la ansiedad al terror, de la tristeza a una profunda depresión, desde una leve felicidad a una intensa alegría, del afecto a un apasionado amor, de la irritación a la furia. Aprendemos a verbalizar estas experiencias de manera que podemos decir por ejemplo: «Me siento muy triste, pero tengo esperanza» o «Te amo profundamente y tengo miedo», o «Estoy furioso». Aprendemos que como mucho hay un puñado de emociones (tristeza, felicidad, enfado, amor, temor, culpa, vergüenza, esperanza o desesperanza) y nos damos cuenta de que mucho de lo que va bajo la firma «emoción» en realidad no lo es (confuso, humillado, descontado, no amado y otras expresiones que no especifican una emoción).

Causalidad

A medida que comprendemos la composición exacta y la intensidad de nuestros sentimientos, también comenzamos a entender las razones de los mismos, el porqué del fuerte odio, de la sutil vergüenza, de la intensa alegría. Ya que nuestras emociones son casi siempre provocadas por la conducta de otras personas, es aquí donde tienen que ser entendidas lo inevitable de las interconexiones emocionales entre las personas. Podemos causar sentimientos en los demás y ellos pueden causar sentimientos en nosotros (véase «¡No te puedo hacer sentir, no me puedes hacer sentir!», Capítulo 6). Descubrimos cómo las acciones de la gente combinan con nuestra tendencia a reaccionar emocionalmente. Finalmente somos capaces de investigar y comprender por qué sentimos lo que sentimos. Aprendemos a expresar este conocimiento con frases como «Estoy furioso por la forma en que me interrumpes» o «Te quiero porque eres un amigo leal, pero tengo miedo de confiar en ti porque me has mentido en repetidas ocasiones» o «Estoy triste por mi ruptura con Javier, pero tengo la esperanza de que mi próxima relación será buena».

Empatía

A medida que aprendemos a diferenciar nuestras emociones, la intensidad con la que las sentimos y las razones para ellas, nuestra consciencia pasa a ser estructurada y sutil, y empezamos a percibir así como a intuir esas texturas y sutilezas similares en las emociones de quienes nos rodean. En este nivel de educación emocional llegamos a saber intuitivamente los sentimientos de otras personas. Nuestras intuiciones emocionales pueden no ser fiables al 100%, pero en un entorno cooperativo donde pueda asumirse la veracidad interpersonal podemos verificar nuestras intuiciones, chequeándolas.

Por ejemplo:

Juan: «Tengo la sensación de que ya no te gusto».

Juana: «En realidad todavía me gustas porque eres un amigo leal, pero tengo miedo de confiar en ti porque me has mentido en repetidas ocasiones».

La intuición de Juan (que él ya no le gusta a Juana) fue parcialmente correcta. Este proceso de verificación mejora enormemente nuestras competencias acerca de la empatía; hablando con Juana sobre su intuición, Juan está aprendiendo a afinar sus percepciones intuitivas. De este modo podemos aprender a ser conscientes de los sentimientos de otras personas, cómo son de intensos y por qué se producen, de una manera tan clara como lo seamos de nuestros propios sentimientos.

Recibimos de otras personas señales emocionales en dos niveles: Uno, leemos las señales emocionales procedentes de los músculos faciales y tonos de voz. Dos, recibimos información emocional mediante un canal emocional intuitivo por medio del sistema de neuronas espejo (Rizzolatti y Craighero, 2004) (Ramachandran, 2006) que informa a nuestra consciencia automáticamente. Cuando se empatiza, no comprendemos ni pensamos en las emociones de otras personas. Por el contrario, al empatizar sentimos emociones ajenas directamente, igual a como sentimos las nuestras. Una consecuencia ambivalente relacionada es que desarrollamos una incapacidad para ignorar o abusar de los sentimientos de dolor de otras personas, y que tiene importantes consecuencias éticas y sociales.

Interactividad

Las emociones no son acontecimientos estáticos, son fluidas, químicas y protoplásmicas, a diferencia de pensamientos e ideas, que son mucho más delineados, eléctricos y contenidos. Las emociones se fusionan, se desvanecen, crecen y encogen en la presencia de otras emociones y a lo largo del tiempo. En consecuencia, la consciencia de cómo las emociones interactúan unas con otras en las personas y entre las personas ofrece un nivel adicional de sofisticación emocional. Lo llamo Interactividad. Cuando somos interactiva y emocionalmente conscientes, somos conscientes no sólo de nuestras emociones y de las de otros, sino del clima emocional de grupos de personas y de cómo este clima afecta a los individuos en el grupo así como a nosotros mismos.

¿¿¿???

Incluyo esta categoría de consciencia emocional ya que es bastante posible que seamos capaces de desarrollar niveles de consciencia que hasta ahora en general no son reconocidos. Algunos han pretendido responder al sufrimiento de las plantas y los bosques o incluso del ecosistema de la Tierra. Esta categoría fue añadida para indicar que no sabemos qué más puede ser posible en el desarrollo de la consciencia emocional. Tales evoluciones son factibles y no deben ser descontadas.

Pasemos ahora a descender a la consciencia por debajo de la Experiencia Caótica.

Sensaciones Físicas

Descendiendo desde la Experiencia Fundamental Caótica, encontramos las Sensaciones Físicas. En este nivel retrasado de consciencia emocional, los sentimientos son barridos de la consciencia y experimentados únicamente como sensaciones físicas que normalmente acompañan a las emociones. La persona sentirá un latido del corazón acelerado pero no será consciente del miedo, una presión en el pecho pero no lo identificará como depresión, un sofoco, un escalofrío, un nudo en el estómago, zumbido en los oídos, sensación de hormigueo, dolores punzantes, sensaciones de la emoción desprovistas de la consciencia de la propia emoción.

En este estado muy común de inconsciencia emocional, la persona puede recurrir a una variedad de medicamentos sin receta o prescritos, o drogas ilegales inclusive alcohol, marihuana, café y bebidas energéticas para disipar las molestas sensaciones físicas que se originan en este estado emocional no reconocido. Estos productos químicos tendrán notables efectos calmantes sobre el dolor, las náuseas, la ansiedad, la debilidad y la irritabilidad. También tendrán efectos colaterales, y pueden interaccionar de manera peligrosa. Es comprensible que la mayoría de la gente prefiera estar en este estado de inconsciencia, aliviado por drogas, que estar bajo la influencia de caos emocional en el que las emociones están fuera de nuestro control. Ciertamente, un empleador preferirá un trabajador que toma dosis masivas de café, calmantes o analgésicos, a alguien que llora o se enfurece en el trabajo de manera incontrolada.

Embotamiento

Cuando le preguntamos a una persona en esta etapa de analfabetismo emocional cómo se siente él o ella, es probable que se quede desconcertada o que informe de que sólo siente frío o embotamiento. Las personas en este estado no son conscientes de nada a lo que puedan llamar sentimientos. Las emociones no están disponibles para la consciencia. Esto es así incluso si están bajo la influencia de emociones muy fuertes. De hecho, otras personas suelen ser más conscientes de los sentimientos embotados de la persona que ella misma. Una persona en este estado puede no sentir sus propias emociones y sin embargo aquellos a su alrededor las pueden sentir. Sus emociones no están disponibles para la consciencia y su experiencia es similar a la de un paciente anestesiado con una sensación de adormecimiento que desvanece el dolor en una intervención dental.

En ocasiones, tal vez bajo la influencia del alcohol u otra droga, irrumpe una gran emoción irreprimible y se descarga en un estallido agudo y breve, que es rápidamente sustituido por una anestesia renovada. En términos psiquiátricos, este estado emocional de embotamiento es conocido como *alexitimia*. Un embotamiento similar del dolor es una experiencia común en aquellos que sufren traumas físicos extremos. El embotamiento emocional temporal que sigue al trauma puede volverse permanente cuando dicho trauma emocional continúa durante un largo período de tiempo.

****

El *continuum* de la consciencia emocional que se muestra en la Figura 5 intenta aclarar el concepto de la consciencia emocional más que a establecer una escala con los puntos claramente definidos. La gente puede encontrarse en cualquier punto en la escala en cualquier momento. Sin embargo una persona tiende a habitar un área en la gama completa de consciencia por debajo o por encima de la barrera verbal. Algunas personas están más en un estado caótico, algunas embotadas, algunas en el proceso de diferenciación y empatía, etc.

El analfabetismo emocional se manifiesta en dos extremos emocionales; demasiados sentimientos, fuera de control o insuficientes sentimientos, o quizá ningún tipo de sentimiento. Ambos, embotamiento emocional e incapacidad para controlar las emociones caóticas, pueden perjudicar seriamente el potencial de una persona. Cuando una persona está emocionalmente embotada no puede tomar decisiones que requieran de motivación emocional. Por otro parte, una persona emocionalmente caótica será continuamente interrumpida por erupciones incontrolables de ira, tristeza, desesperanza, temor o culpa, o incluso de amor, alegría y esperanza y está en peligro de tomar decisiones irracionales e impulsivas.

EDUCACIÓN EMOCIONAL Y ANÁLISIS TRANSACCIONAL

Consciencia emocional no es lo mismo que educación emocional, sino un aspecto esencial de la misma. La educación requiere de la consciencia, pero va más allá de ésta y requiere la gestión competente de nuestras emociones. Las herramientas del análisis transaccional desarrolladas por Berne son ideales para seguir este proceso, y sin ellas sería mucho más difícil aprender habilidades en educación emocional. ¿Cómo aplicar el análisis transaccional a la enseñanza de la educación emocional? El detalle de los pasos de este proceso ya ha sido descrito en otras ocasiones (Steiner, 1997, 2003, 2011), pero voy a presentar aquí los principios básicos.

I. Establecimiento de un contrato de cooperación: La comunicación honesta de sentimientos requiere una atmósfera de confianza y aceptación desprovista de juegos de poder. Sin un entorno cooperativo, de resonancia límbica, no se puede enseñar ni aprender educación emocional de manera eficiente.

II. Hay cuatro categorías de intercambios transaccionales que implican un nivel cada vez más alto de educación emocional:

1. Permiso (preparación del terreno)
   a) Pedir permiso para proceder en una transacción con carga emocional.
   b) Estar de acuerdo en proceder a una transacción con carga emocional.
2. Caricias (apertura del corazón)
   a) Dar a otros o a nosotros mismos caricias positivas.
   b) Pedir caricias.
   c) Aceptar caricias que queremos o rechazar caricias no deseadas (aprender lo que queremos y lo que no queremos).
3. Información (acciones, sentimientos, motivos)

   a) Transacciones Acción/Sentimiento
      i. Relatar a otra persona, sin juicios ni acusaciones, los sentimientos que sus acciones han provocado en nosotros.
      ii. Aceptación, sin actitud defensiva y sin sentimientos de vergüenza, culpabilidad o enfado, que nuestras acciones han provocado ciertos sentimientos en otra persona.
   b) Temores y sospechas:
      i. Decir a otra persona, sin acusaciones ni juicios, los temores y sospechas (intuiciones, fantasías paranoicas) que sus acciones han generado en nosotros.
      ii. Dar validez a estos temores y sospechas sin actitud defensiva y buscar el «grano de verdad» que podría ser fuente legítima de dichas sospechas.
4. Responsabilidad (hacer enmiendas)
   a) Reconocer que hemos actuado de una manera que requiere disculparse y pedir perdón.
   b) Aceptar o rechazar la disculpa, perdonar o no perdonar, o requerir un cambio de comportamiento.

El orden de estas transacciones de educación emocional indica un nivel de dificultad creciente. Sólo la primera transacción —permiso para realizar transacciones emocionales— es obligatoria. Todas las demás se adaptan a cada situación en cuestión. El orden en que se presentan indica su nivel de dificultad, siendo la disculpa la más difícil; más que en el orden que se indica deben ser utilizadas cuando sean apropiadas.

EDUCACIÓN EMOCIONAL EN EL MUNDO REAL

El mayor desafío para quienes quieren conseguir educación emocional es su introducción en situaciones de la vida real, que requieren de un «guerrero emocional», con verdadera dedicación, ingenio, flexibilidad, creatividad y valor. Pedir y dar a uno mismo y a otros caricias; hablar a la gente acerca de los sentimientos de uno, los miedos y sospechas y sus causas; pedir disculpas y admitir nuestros errores es posible en el mundo real, pero en ausencia de una relación basada en un contrato de cooperación, este proceso puede ser difícil. No se puede aplicar de forma realista el espectro completo de las transacciones de educación emocional en todas las situaciones del mundo real. Pero cualquiera de las transacciones aquí explicadas puede ser relevante y utilizable en cualquier momento. Podemos rechazar una caricia que no queremos, o pedir una que queremos, podemos decirle a la gente cómo nos sentimos cuando hacen algo en repetidas ocasiones, podemos pedir disculpas o exigir o rechazar una disculpa. Podemos hacer todo esto, incluso en ausencia de un contrato de cooperación, y tener éxito en la mejora del diálogo emocional en cualquier situación.

El libro sobre la educación emocional en el mundo real necesita ser escrito y será un reto importante dadas las culturas anti-emocionales en que vivimos. Pero una mayoría de personas en el fondo están interesadas en la cooperación, la honestidad, la consciencia, la espontaneidad y la intimidad, todas las cuales tienen fuertes componentes emocionales. Esta comunidad de intereses hace que la aplicación diaria de estas ideas en el mundo real sea más fácil de lo que cabría esperar. De hecho, la educación emocional puede ser vivida y enseñada (aun con imperfecciones y vacilaciones), incluso en este mundo cruel. Cada vez que se fomenta la educación emocional, los participantes aprenden una información útil y poderosa, y pueden sentir un alentador y reconfortante sentido de comunidad humana que tan a menudo está oculto en nuestras vidas.

13. EL ANÁLISIS TRANSACCIONAL EN LA ERA DE LA INFORMACIÓN*

Este capítulo está basado en un artículo escrito en 1995 con ocasión del Congreso Estival de AT de San Francisco. Se publicó en el Transactional Analysis Journal, Vol. 27, #1, enero de 1997.

El Análisis Transaccional tal como lo desarrolló Eric Berne era una teoría visionaria. Además de proporcionar una aproximación altamente efectiva a la psicoterapia, anticipaba las cuestiones tanto teóricas como psicológicas y psicoterapéuticas que serían centrales en la Era de la Información. Los analistas transaccionales han estado estudiando los detalles del intercambio de información, y son por tanto expertos en el conocimiento que viene dado por la información válida (más que por las creencias), que será central en la psicología del futuro.

LAS PRESIONES EN EL CEREBRO

Los profesionales de las artes curativas están comenzando a reconocer que el cambio psicológico es más una consecuencia de la adquisición y aplicación eficiente de información válida que del descubrimiento de las motivaciones inconscientes, como se creía antes. Puede parecer que la información y la comunicación deberían ser necesariamente el núcleo duro de la psicoterapia. Cuando Sigmund Freud inventó el psicoanálisis en los albores del siglo pasado, estaba afir-

* Traducción de Susana Arjona Murube.

mando implícitamente que determinadas enfermedades, cuya naturaleza se creía médica, responderían a una cura mediante la verbalización. Trastornos como las fobias, las obsesiones, la ansiedad, la sinestesia o las parálisis, parecían estar causadas por anomalías en el cerebro y en el sistema nervioso, y la idea de que simplemente hablar pudiera tener un efecto terapéutico era inaudita y radical en aquel tiempo.

La cura mediante el habla fue la sucesora del tratamiento «moral», que a su vez había sucedido al tratamiento «heroico». Ambas aproximaciones, la moral y la heroica, se basaban en la hipótesis de que los trastornos mentales eran consecuencia de presiones anómalas en el cerebro. El tratamiento heroico en psiquiatría consistía en tácticas como la inactividad forzada mediante la inmovilización, los shocks y la inducción de dolor para sacar a los pacientes del estado en el que se encontraban; purgas y sangrías, e incluso la trepanación (taladrar el cráneo), para aliviar las presiones en el cerebro (Caplan, 1969).

La siguiente cura, la moral, supuso una escisión de los métodos llamados heroicos, pero aún se basaban en la creencia de que los trastornos mentales requerían un tratamiento de liberación de presión en el cerebro. Las presiones se entendían ahora más bien como algo de origen social y no físico. El alivio por tanto, se obtendría mejor ofreciendo al paciente «sanación» en un sanatorio con un ambiente relajante, lejos del ajetreo y del bullicio urbano. El cultivar las artes —música, pintura— y, muy importante, la conversación agradable a las horas de las comidas con el director del hospital, su familia y el personal psiquiátrico, eran un aspecto importante del tratamiento.

En estas conversaciones, sin embargo, no se intentaba discutir sobre los problemas del paciente. Más bien, siguiendo las tradiciones de tertulias de salón y de sobremesa, se conversaba sobre temas literarios o políticos de interés. De hecho, se evitaba discutir los problemas, como el suicidio, las adicciones o las enfermedades mentales, pues esto amenazaba con crear ansiedad y empeorar, más que mejorar la temida presión intracraneal.

La «cura mediante el habla» de Freud llegó al escenario psiquiátrico en el punto álgido de los métodos de curación moral. Aún así su propósito era, coherente con las ideas precedentes, el de aliviar presiones, en esta ocasión, las presiones de la psique reprimida o de la energía psico-sexual. La «conversación» que Freud perseguía con sus pacientes no evitaba los temas desagradables como en el caso de la curación moral, ni tampoco propiciaba su discusión. Se animaba al paciente a asociar libremente; a hablar con libertad y soltar cualquier cosa que se le viniera a la cabeza.

Aun así, el intercambio psicoanalítico era pobre en lo que hoy consideraríamos comunicación. No debía haber un intercambio libre de información entre el médico y el paciente; de hecho el ideal psicoanalítico era que el terapeuta no diera información alguna y se sentara en silencio detrás del paciente. Su papel era el de analizar las percepciones erróneas que el cliente proyectaba en él (conocidas como transferencias) y analizar los significados inconscientes de los sueños y las asociaciones libres de las personas. Este (psico)análisis tenía el objetivo de reorganizar y liberar las energías atrapadas en la mente como resultado de las experiencias traumáticas de la infancia. Se discutía un estrecho segmento de la vida mental y los pensamientos de las personas, y un aspecto incluso más estrecho de las experiencias actuales. La tarea del paciente era la de asociar libremente; decir lo primero que se le viniera a la cabeza.

La respuesta del psicoanalista debía ser más restringida; cualquier ampliación de la información por parte del analista se consideraba un exceso pernicioso. Creía Freud que lo que ayudaría a los pacientes sería la liberación de energía —catarsis— y la reorganización de la consciencia facilitada por la interpretación del analista. La retroalimentación (el uso de la información para modificar a su vez la información y el comportamiento), aspecto esencial de una comunicación eficiente, no formaba parte del proceso.

Aun siendo ésta una aproximación algo pobre (desde el punto de vista de la comunicación), era el comienzo de una curación basada en la información y, potencialmente, en la retroalimentación (en contraposición a la basada en las medicinas, la cirugía o los placebos y la charlatanería). No es casualidad que esta nueva aproximación al sufrimiento humano emergiera al mismo tiempo que otros signos de desarrollo relacionados con la información, en las comunicaciones telefónicas y por radio. Hablar sin fin sobre nuestros más íntimos pensamientos, no sólo con el confesor de la familia, el sacerdote o el doctor, sino con un médico desconocido, era una novedad impactante. Esta forma de soltar la lengua fue paralela al desarrollo de otros medios en los que la comunicación circulaba de forma creciente en la cultura mediante el cine, la radio, el teléfono y los periódicos. A medida que la Era de la Información se acercaba a su momento álgido, este proceso continuó y se aceleró hasta el punto de que hoy la gente es capaz de revelar sus secretos y pensamientos más íntimos a millones de personas en espectáculos televisivos o redes de grupos sociales.

INCORPORAR LA INFORMACIÓN

Empezando con la invención de la cura por el habla freudiana, el habla como psicoterapia, fue adquiriendo popularidad. Al final, con la ruptura de las cadenas impuestas por el psicoanálisis se convirtió en una cuestión de creciente igualdad, reciprocidad en la comunicación y de retroalimentación. Carl Rogers, en su método no dirigido y centrado en el cliente (1951) se mantuvo fiel a las restricciones psicoanalíticas y se esforzó por sólo reflejar, sin elaborar, lo que decía el cliente. Sin embargo, Rogers relajó las riendas de la comunicación al introducir la actitud «positiva incondicional», que consistía en la introducción por parte del terapeuta de expresiones de sincero afecto positivo y empatía durante todo el proceso terapéutico. Por otra parte, Harry Stack Sullivan avanzó en la liberación de la información dando énfasis a la comunicación recíproca en la entrevista psiquiátrica (1954). Aún así, estos desarrollos eran pobres en cuanto a libertad y reciprocidad en el flujo de la información.

En 1962, con el desarrollo de la terapia racional-emotiva, Albert Ellis se convirtió en el primer terapeuta que introdujo la noción de resolución de problemas a través de un proceso de comunicación que implicara un intercambio de información y una retroalimentación.

Al mismo tiempo que la resolución de problemas basada en la información se convertía en una forma reconocida de terapia, crecía la información relacionada con la salud, tanto física como emocional, cada vez más útil, disponible y fiable. Los efectos de la nutrición y de la actividad física, los efectos primarios y los efectos secundarios tanto de las medicinas como de las drogas, los efectos dañinos del café, los cigarrillos y el azúcar, las consecuencias de las desigualdades de poder y del abuso de poder; del abuso emocional, físico y sexual de niños y adultos, la necesidad de una «base segura», la importancia del género, de la identidad y preferencias sexuales, cultura y edad, y el significado de la decadencia y muerte, propia y ajena, son algunas de las áreas de conocimiento de las que se nutre la psicoterapia competente hoy en día. Aún así, muchos psicoterapeutas todavía desprecian el uso de este tipo de información, y siguen creyendo que es más beneficiosa para las personas la introspección y la catarsis que el conocimiento y la aplicación de los hechos.

La década de los años 60 generó una variedad de movimientos de liberación como el de las mujeres, de los homosexuales, de los negros, de los enfermos mentales, de los viejos, de los discapacitados, etcétera. Al mismo tiempo, la psicoterapia atravesaba su propia forma de liberación de las cadenas impuestas por el psicoanálisis y la psiquiatría. Los movimientos de la Terapia Radical y de la Psiquiatría Radical y psicoterapeutas como Fritz Perls, Abraham Maslow, Albert

Ellis y Eric Berne atravesaron radicalmente las barreras erigidas por los profesionales contra la igualdad y la comunicación recíproca entre el psicoterapeuta y el cliente. Tanto en su teoría del análisis transaccional como en su práctica clínica, Berne insistía en la comunicación mutua, en un terreno de juego nivelado.

Siguiendo el ejemplo de la comunicación abierta de Berne, en mi trabajo con clientes alcohólicos y con tendencias suicidas comencé a insistir sobre determinados detalles que otros terapeutas en aquellos momentos se resistían a investigar por miedo a crear problemas. Por ejemplo, yo les interrogaba con exactitud sobre cuánto bebían o sobre qué planes concretos de suicidio tenían, para finalmente desarrollar los contratos de «no a la bebida» y «no al suicidio». Ambas tácticas constituían verdaderos retos ante las reticencias enraizadas en la tradición psicoanalítica, de discutir temas perturbadores, pues según se creía en aquel momento, estas conversaciones podían avivar conductas autodestructivas en vez de ayudar a la curación de los pacientes. En lugar de temer el intercambio de información sobre sus abusos con las drogas o sus planes de suicidio, asumí que al contrario, cuanta más precisa fuera la información que intercambiáramos, más efectiva sería la terapia y más rápida la «cura». Pienso que fui el primero en pedir los contratos de «no al suicidio» en mi ejercicio como psicoterapeuta, desde 1967, y me satisface poder afirmar que no he tenido ni un caso de suicidio en el desarrollo de mi carrera profesional. Los contratos de «no al suicidio» han llegado a ser un estándar en la práctica moderna.

Por aquel entonces, la comunicación abierta se consideraba una conducta imprudente por parte del terapeuta, especialmente por uno no médico, como yo. Otra vez, la razón era que nuestros clientes eran vistos como levemente «compensados», que apenas lograban esquivar el desastre, y que por una conversación descuidada se podían «descompensar» en una borrachera o con un intento de suicidio. Sólo un psiquiatra o un psicoanalista altamente formado podía abordar asuntos tan peligrosos. Observé que esta reticencia terapéutica se aplicaba igualmente a la discusión abierta del sexo (posiciones, orgasmos, preferencias sexuales, anales u orales, etc.). De hecho, estas materias se podían discutir sin consecuencias catastróficas pero requerían buena voluntad para afrontar la vergüenza. Esto me llevó a concluir que la indecisión de investigar sobre la bebida, el suicidio, el sexo y otras materias dolorosas se basaba en una preparación defectuosa más que en asuntos de seguridad. Decidí seguir la pista a la información importante persuadido de que esta búsqueda sólo podía tener resultados positivos.

¿CÓMO CAMBIAN LAS PERSONAS?

Berne había abandonado la teoría del psicoanálisis a favor de una teoría centrada en la comunicación y simplemente seguí sus consejos. Mediante el aislamiento del estímulo y la respuesta transaccional, Berne nos proporcionó un método con el que estudiar la manera en que nos influimos unos a otros, e hizo posible el análisis detallado de la comunicación interpersonal. Además, mediante el establecimiento de las premisas del análisis del guión, Berne anticipó el examen de la información que se traspasa de padres a hijos, información que, según creemos desde el punto de vista del análisis transaccional, determina las decisiones que se toman en la infancia y que darán forma a la vida de las personas.

Berne no proporcionó una hipótesis claramente detallada sobre qué es exactamente lo que facilita una cura de tal importancia en el análisis transaccional. Estaba claro que conversar era el método. Pero, ¿qué clase de conversación? Él se decantaba por «hablar claro», de Adulto a Adulto (la llamaba comunicación Marciana, porque es difícil de encontrar, extraña a nuestra forma habitual de actuar), libre de contenido encubierto de Padre a Niño. Utilizaba la pizarra y daba a sus pacientes información sobre los estados del yo, las transacciones, juegos y guiones. A diferencia de lo que habían hecho los psiquiatras hasta el momento, enseñaba su teoría a los pacientes durante las sesiones de terapia. Esto le fomentaba a mantener su teoría clara y a explicarla con un lenguaje sencillo, a diferencia de lo que, en su opinión, hacían en psicoanálisis y otras terapias, que estaban mistificadas y eran confusas. Cuando se le acusó de sobresimplificar, bromeó: «Prefiero sobresimplificar que sobrecomplicar». Desaprobaba a los profesionales que utilizaban una jerga psiquiátrica pomposa —que él llamaba *jazz*— defendiendo que «si tu paciente no entiende lo que dices, no merece la pena que se lo digas» (Comunicación personal durante los Seminarios de San Francisco).

EL EFECTO PLACEBO

Pero no todos los cambios son el resultado de una mejor información. Es bien sabido y comprobado científicamente que la gente reaccionará ante cualquier esfuerzo novedoso para remediar una situación difícil, sea ésta económica, moral, física o psicológica, mejorando temporalmente sin tener en cuenta la efectividad real del método aplicado. Aquellos con enfermedades graves mejoran ligeramente cuando un médico que les causa buena impresión les da azúcar en pastillas. De la misma forma las personas mejorarán psicológicamente cuando visitan por primera vez al curandero, especialmente si el tratamiento dado va acompañado de algún abracadabra, como una nueva teoría, un libro, un toque especial o artículo de consumo, o de algún otro elemento *ad hoc* (Shapiro & Shapiro, 2000).

Esto crea una confusión considerable, tanto entre los pacientes como entre los médicos. Para los pacientes que mejoran después de la primera sesión puede resultar un poderoso atrayente hacia el método empleado, sin tener en cuenta su efectividad, incluso si deja de funcionar después de algunas semanas. Para el terapeuta que ve la mejora inicial generada por el tratamiento, el efecto placebo puede crear un espejismo de efectividad, que, amplificado por la ambición o por la ilusión de su propia genialidad puede conducir a la pura charlatanería. Por otra parte, un profesional que comprenda el poder real, aunque evanescente, del efecto placebo, puede utilizarlo con resultados positivos. Una actitud optimista y unas expectativas favorables, constituyen un buen comienzo para un proceso de cambio impulsado por el placebo, siempre que el profesional facilite rápidamente un cambio real y un mejoramiento efectivo que sustituyan los efectos del placebo antes de que éste desaparezca.

Asumo que la efectividad de la versión de Berne de la curación mediante el habla iba mucho más allá de cualquier efecto placebo inicial impulsado por su novedosa aproximación. ¿Qué había en la cura a través de la conversación de Berne que provocaba el cambio? Berne nunca postuló un mecanismo conciso, pero queda claro en sus declaraciones y escritos que el refuerzo y descontaminación del Adulto se consideraba claramente un factor de curación. Como red neuronal «centrada en el procesamiento de datos y estimación de probabilidades» (Berne, 1972 Pág. 443) y en la comprobación de la realidad, el Adulto permitirá a la persona comprender sus juegos y sus ilícitas gratificaciones, y por tanto le ayudará a dejar de participar en ellos cuando «esté convencido de que hay otros (patrones transaccionales) mejores» (Berne, 1972 Pág. 303).

No está claro cómo «llega a este convencimiento». ¿Se produce mediante una introspección fruto de la reorganización de ideas en la mente? ¿O mediante la retroalimentación, el proceso de asimilación de información que afecta al comportamiento produciendo nueva información que a su vez produce nuevos cambios, y así sucesivamente?

Berne también estableció la importancia de liberar al Niño y reforzar al Padre Nutricio, aunque mantenía que estos objetivos eran secundarios al aprendizaje de cómo pensar con el Adulto. Estos procesos se guían menos por la información y la retroalimentación. Son resultado de transacciones terapéuticas que facilitan la desvinculación del Padre Crítico y el cambio repentino de comportamiento, como en el caso del «permiso» (liberación de las inhibiciones de la infancia) o mediante la «reparentalización» (reemplazar el estado del yo Padre propio por otro mejor proporcionado por el terapeuta).

El énfasis de Berne en una aproximación pragmática, basada en el sentido común y en los hechos, se pone de manifiesto en su metáfora de «la astilla en el pie» que presentó en su último discurso público el 20 de junio de 1970.

> El tema tiene que ver con tener una astilla en el pie. Si a alguien se le infecta el pie porque se ha clavado una astilla, primero comienza a cojear ligeramente y se le tensan los músculos de la pierna. Luego, mientras sigue caminando por ahí, los músculos de la espalda empiezan a tensarse al intentar compensar la rigidez de la pierna. Y entonces para compensar eso, los músculos de su cuello se tensan; después los del cráneo; y pronto comienza a tener dolor de cabeza. La infección le da fiebre; le sube el pulso. En otras palabras, todo él está implicado —todo su ser—, incluida su cabeza que le duele, incluso está enfadado con la astilla o quienquiera que la haya puesto ahí, puede que hasta vaya a ver a un abogado. Todas las facetas de su personalidad están implicadas.
>
> Así que llama a un médico. Éste lo examina y dice «Esto es muy serio. Como ves, afecta a toda tu personalidad. Tu cuerpo entero está involucrado; tienes fiebre, respiras con dificultad, el pulso se te ha disparado; y todos estos músculos están tensos. Quizá necesites tres o cuatro años, pero no puedo garantizar resultados —en nuestra profesión no garantizamos nada— pero creo que en tres o cuatro años, —claro que mucho va a depender de ti—, podremos curar tu enfermedad». El paciente dice «Bueno, eh, vale, mañana te digo lo que sea». Y va a ver a otro médico. Y el otro médico le dice «Ah, tienes un pie infectado por esta astilla». Y con unas pinzas se la saca y la fiebre baja, el pulso se normaliza; los músculos de la cabeza se relajan y después los de la espalda y después los del pie. La persona vuelve a la normalidad en cuarenta y ocho horas, puede que menos. Ésa es la forma de practicar la psicoterapia. Como si buscáramos una astilla y la sacáramos (Berne, 1971, Pág. 6-13).

Puede parecer que con esta aproximación al tema, en la que se burla de la visión del psicoanálisis de entonces («toda la personalidad está implicada, necesitaremos años») puede parecer radicalmente simplista. De hecho, lo que Berne tenía en mente cuando inventó el análisis transaccional, era una aproximación radicalmente práctica.

Como yo había sido mecánico de automóviles en otro tiempo, esta aproximación me pareció irresistible. Vi la similitud entre la cura terapéutica efectiva y cuando reparas tu coche con la asistencia de un experto (sin la ayuda del efecto placebo). Para mí, el proceso tenía tres elementos:

- Encontrar lo que el cliente quiere arreglar (contrato basado en la información).
- Identificar qué es necesario hacer para arreglar el problema (diagnóstico basado en la información).
- Ayudar al cliente a hacerlo, para propiciar la reparación deseada (resolución del problema basada en datos que informan cambios de comportamiento necesarios).

LA INFORMACIÓN COMO *PRIMUM MOBILE*

Cualquier teoría sobre el comportamiento que pretenda ser completa requiere una explicación de la motivación, la fuerza motora, la energía que constituye la causa del comportamiento. Al explicar por qué la gente se comprometía en las transacciones, Berne se refería a la necesidad de estímulo. Aquí fue donde prefiguró la cuestión que en mi opinión será el tema central en la psicología y la psiquiatría del siglo XX; el hambre de información.

Un principio básico de la primera teoría de Berne es que «la habilidad de la psique humana de mantener estados del yo coherentes parece depender de la existencia de un flujo cambiante de estimulación sensorial». (Berne, 1961, Pág. 83). No sólo un estímulo, sino que éste debe ser *cambiante* porque los tejidos humanos se adaptan y acaban atrofiándose si están sujetos a una estimulación que no cambia. Basándose en esta observación, Berne acuñó el concepto de «hambre de estímulo» (Pág. 85) y «la sublimación de primer orden de la misma [...] hambre de reconocimiento» (Pág. 84). El hambre de estímulo se desarrolla con más profundidad en el «hambre de estructura» (Pág. 85), la necesidad de situaciones sociales en las que se puede obtener reconocimiento y estimulación. Berne también señalaba que mientras que la estimulación necesita ser variable para mantener la vida psicológica, la mera variabilidad no era suficiente dado que el cambio aleatorio tiene el mismo efecto insensibilizador que la estimulación extrema. Lo que los organismos buscan y lo que les motiva es el estímulo significativo o dotado de sentido, es decir, la información.

Estas declaraciones se fundamentaron sólidamente mediante la investigación: en la década de los años 50 los psicólogos descubrieron que las ratas, los monos y las personas encuentran gratificante el simple estímulo. Antes de este descubrimiento se usaba la comida y la bebida como recompensa en los experimentos. Los animales con hambre y sed aprendían tareas complicadas para obtener comida y agua. Así es como los psicólogos investigaban cómo aprenden los animales. Miles de estos experimentos sobre el aprendizaje se hicieron con ratas, gatos, perros y monos hambrientos y sedientos, usando comida y bebida como motivación.

Sin embargo, en algún momento, los psicólogos se dieron cuenta de que animales sin hambre o sed estaban motivados para aprender las mismas tareas aparentemente por el simple privilegio de obtener un estímulo interesante como por ejemplo el que les enseñaran unas luces parpadeantes. Este descubrimiento condujo a una nueva hipótesis de la que Berne era consciente: que además del impulso que los animales tienen hacia la comida y la bebida, también hay un impulso hacia la estimulación y la exploración, impulso que se despierta con la falta de estimulación o el aburrimiento.

Está claro que las personas tienen necesidades similares. Bexton y otros psicólogos investigadores les ofrecieron a los sujetos de uno de sus experimentos manutención y un salario por hora superior a la media para que permanecieran en una pequeña habitación sin hacer nada, y sin ver, oír o tocar prácticamente nada, durante veinticuatro horas diarias, tantos días como quisieran quedarse. En las primeras ocho horas la mayoría de los sujetos se fue sintiendo cada vez más infeliz y desarrolló lo que parecía una fuerte necesidad de estimulación. Los sujetos, todos estudiantes de nivel universitario, escuchaban repetidamente una charla grabada de prevención del consumo de alcohol, o una grabación con información obsoleta sobre el mercado de valores, si eso era todo lo que había disponible para aliviar su aburrimiento. Informaron que tras algunas horas de privación sensorial, eran incapaces de seguir un hilo de pensamiento y, una vez finalizado el experimento, era necesario todo un día para recobrar la motivación por el estudio.

El anecdotario sobre personas varadas en islas desiertas y otras situaciones de aislamiento similar es muy amplio y sustenta el hecho de que la necesidad de estímulo puede ser extraordinariamente poderosa. Investigadores posteriores dieron una vuelta de tuerca adicional a este fenómeno y desarrollaron cámaras de aislamiento insonorizadas en las que el individuo flotaba a oscuras en agua a temperatura corporal, descubriéndose que la privación de estímulos sensoriales tenía consecuencias dramáticas y rápidas con efectos a veces perturbadores para la psique humana, produciéndose un «viaje», a veces un «mal viaje» parecido al que se tiene como resultado del consumo de LSD. La mente tiene tal ansia de estimulación que si ésta no existe, la crea, trayendo a flote con frecuencia a los más recónditos y oscuros recursos para ello. En la tortura moderna se conoce bien este efecto de la privación de estímulo —la llamada tortura blanca— y su capacidad para derrumbar a una persona (Cesereanu, 2006). La tortura blanca se ha usado extensamente en la Prisión de Guantánamo de George Bush II.

Finalmente, investigando la relación que tiene la estimulación respecto a la información, los psicólogos Berlyne y Jones (1957) observaron en una serie de experimentos, de nuevo realizados con estudiantes universitarios, que no era sólo la estimulación, sino también la información —es decir, la estimulación dotada de sentido— lo que los sujetos buscaban. Necesitamos la estimulación, pero si ésta no tiene un contenido informativo, pierde rápidamente la capacidad de satisfacer la necesidad de estimulación dejándonos de nuevo necesitados. Desde este punto de vista resulta apropiado hablar de «hambre de información» para referirnos a la actitud de continua búsqueda de información que la gente muestra.

HAMBRE DE INFORMACIÓN

Hace una década, en mi afán por comprender los juegos de poder comencé a interesarme por la propaganda. Al principio parecía que la propaganda era simplemente una conspiración casi criminal mediante el lavado de cerebro a una población inocente. Pero pronto me di cuenta de que esa población no era una mera víctima pasiva, sino que en realidad buscaba y recibía la propaganda con agrado, y que si no había propaganda disponible, la fabricaba. Como en el caso de la comida, donde la gente prefiere la comida basura a las opciones más nutritivas, y en el caso de las caricias, en el que se participa en juegos dañinos en lugar de obtener caricias positivas, la gente sedienta de información aceptará y buscará información errónea y malintencionada —información basura— y a veces incluso la preferirá de forma perversa a la alternativa válida y veraz. En cada uno de estos casos hay un hambre constante, que provocará que la gente aceptará y acabará por buscar sustitutos tóxicos elaborados por las compañías alimentarias, los propagandistas y aquellos que monopolizan las caricias, con tal de satisfacer las diferentes hambres.

Estoy ampliando la noción de Berne de hambre de estímulo para incluir el «hambre de información». La mayoría de la gente piensa en la información como algo que se obtiene llamando a algún 118, y más recientemente acudiendo a Google. Pero para comprender plenamente lo que es la información, tenemos que ir al campo de la cibernética, en el que los matemáticos han definido la información (Shannon y Weaver, 1963 Págs. 12-13) como un medio para reducir la incertidumbre o en términos aún más técnicos, como una reducción de la entropía, siendo la entropía una medida del nivel de desorganización en cualquier parte del universo.

La segunda ley de la termodinámica dicta que todo en el universo tiende a declinar. La fuerza vital, la mano sanadora de la naturaleza, la *vis medicatrix naturae* trata de revertir esta ley implacable. Lo que alimenta esta fuerza vital es la energía del sol acumulada en nuestras células, y su misión es la de librar una constante batalla de regenerarse contra el deterioro.

Por ejemplo: te cortas un dedo en la cocina. Se trata de un corte profundo y no paras de sangrar, manchando el fregadero. Contienes el pánico incluso antes de sentir ningún dolor. El efecto sanador comienza inmediatamente cuando te cortas. Al principio estás entumecido y no notas el dolor, durante el tiempo suficiente como para organizar tus pensamientos y actuar ante la emergencia. Sólo necesitas ayudar al proceso manteniendo el corte cerrado con una venda o quizá un par de puntos y dejarás de sangrar, se coagulará, se formará una postilla y la piel volverá a formarse, el dolor nos impedirá que movamos la herida y si no hacemos nada más y la mantenemos limpia, la herida se curará completamente con el tiempo, dejando sólo una cicatriz como recuerdo del corte. Éste es un ejemplo de cómo la fuerza vital contrarresta decisivamente la desorganización al curar una herida que podría ser una amenaza para la vida.

La información actúa en todos los niveles de la vida para contrarrestar el deterioro; en naciones, organizaciones, lugares de trabajo, familias y relaciones. En el ámbito de la comunicación humana, la información actúa contra la dispersión de las capacidades mentales que se produce si ésta falta.

Al igual que el oxígeno es fundamental en la vida de las plantas, la información alimenta la vida mental; sin ella, se produce la muerte cerebral. La información basura (la información errónea y malintencionada) es la versión tóxica de la información y mientras apacigua el hambre y previene la muerte cerebral, desorganiza y perturba el desarrollo de la vida interior y emocional.

INFORMACIÓN Y ANÁLISIS TRANSACCIONAL; EL HAMBRE DE CARICIAS

De acuerdo con Berne, el hambre de estímulos motiva y dirige cualquier actividad humana tanto como el hambre, la sed y la necesidad de oxígeno (no hay un nombre para la necesidad de oxígeno... por ahora). La necesidad de estímulo, según Berne, genera las «patologías sociales» —las transacciones encubiertas, los juegos y guiones— todo ello en un esfuerzo por obtener una estimulación que no podemos conseguir fácilmente de forma saludable, como la intimidad. De esta línea de pensamiento surgió el concepto de las caricias (1964, Pág. 14) como intercambio de reconocimiento, y la caricia como unidad de ese intercambio. Las caricias y el acariciar definen en un sólo concepto genial, los fenómenos humanos más básicos, el amor y el odio.

Las caricias son una fuente de estímulos especialmente poderosa y rica en información; la estimulación humana. Se puede discutir que las caricias puedan intercambiarse entre los humanos y los animales más evolucionados; gatos, perros, caballos, y hasta pájaros; puede que la expresión reconocimiento de sangre caliente fuera más apropiada.

Resulta interesante que lo que se pueda decir de las caricias también se puede decir sobre la información: hambrientos de información aceptaremos y buscaremos información tóxica a falta de otra útil o constructiva. Debido a la Economía de Caricias, éstas se han convertido en un artículo que se puede comprar, vender, mercadear, intercambiar, acumular y monopolizar. El resultado es que alguna gente es info-rica y otra es info-pobre, pero la mayoría padece una sed crónica de información mientras que consumen gran cantidad de información basura. Por fortuna, existen poderosos intereses militando contra el empobrecimiento de la información en forma de motores de búsqueda y numerosas redes sociales digitales como Facebook y Twitter, que dispensan tanto información basura como valiosa. Estas organizaciones están haciendo la información fácilmente accesible a personas con ordenadores y teléfonos móviles por todo el mundo; el problema está resultando ser el de la sobrecarga de información y cómo separar lo valioso de la basura.

LOS MENSAJES DE GUIÓN COMO INFORMACIÓN

Está claro que la información nos llega de las formas más variadas; la vida está llena de lecciones. El flujo de información es constante, y de entre la información que tenemos a nuestra disposición seleccionamos y priorizamos aquella que nos servirá como retroalimentación y aquella que ignoraremos. Qué mensajes tomamos a pecho y de cuáles pasamos depende de una variedad de factores.

Desde la infancia temprana, los niños se encuentran en situaciones en las que se ven forzados a tomar decisiones importantes que tendrán consecuencias para toda la vida. Estas decisiones, basadas en la información disponible y tomadas en un contexto de ausencia de poder, pueden devenir obsoletas y convertirse en la causa de muchos de los problemas que habremos de encontrar más adelante en la vida, cuando las relaciones de poder cambian y las decisiones tomadas en la infancia ya no sean necesarias ni relevantes. Esa es la esencia de los guiones: podemos corregir el rumbo de nuestra vida.

Al desarrollar la matriz del guión (Steiner, 1966) intenté ilustrar en un diagrama los mensajes que nos tomamos a pecho en nuestra infancia. Los estados del yo de Berne me proporcionaron varios niveles de información para tomar en consideración. El guión de una persona está basado en mensajes desde los estados del yo de otra persona; los mandatos y atributos que están infravalorados por una variedad de factores; la importancia de la fuente, (padre, madre, otras personas significativas); el énfasis añadido al mensaje (castigo, recompensa, repetición); la impotencia y susceptibilidad del sujeto (ser fácilmente influenciable, tener miedo, estar cansado, alterado, drogado o en un estado hipnagógico). Fuente, énfasis y susceptibilidad tienen un efecto en la atención que el sujeto, normalmente un niño, le presta al mensaje.

Los mensajes de guión son esencialmente mentiras —desinformación e información malintencionada— diseñadas para restringir la autonomía del niño y para socavar su poder. Los niños pequeños pueden recibir los mensajes a través de cualquiera de los tres estados del yo: Padre, Adulto o Niño, pero el estado del yo más vulnerable es el del Niño. El estado del yo Niño de una persona joven aprenderá y modificará su conducta y el cambio será a veces gradual y a veces discontinuo; cada salto de conducta lo cambia. Cuando hay estos saltos, hablamos de una «decisión» de guión. De cualquier forma, mucha de la elaboración de estos guiones, especialmente los guiones «banales», se producen de forma gradual sin que haya un punto dramático de decisión.

Cambiar las decisiones de guión, sean éstas dramáticas o banales, requiere una información precisa, permiso para cambiar y protección mientras se producen estos cambios (véase el Capítulo 11). De la misma forma en que se puede crear un guión en un salto decisivo, las redecisiones de guión o cambios sobre el mismo, también se puede producir, aunque rara vez, en un salto de fe relativamente abrupto, como se describe en el libro *Changing lives through redecision therapy*, de Mary y Robert Goulding (1997). De cualquier forma, la mayoría de los cambios de guión tienen lugar como evolución en una serie de cambios graduales en el ámbito cognitivo y del comportamiento.

MENTIRAS E INFORMACIÓN

Mentimos cuando decimos algo que sabemos que no es verdad o cuando ocultamos algo importante que creemos cierto.

Las mentiras se han usado siempre como una avenida hacia el poder. Negar la información y el engaño son viejas formas de abusar del poder. Las mentiras son juegos de poder conscientes; en la era de la información, la mentira es el acto político más significativamente destructivo.

Mentir es siempre una manera de mantener el control —un acto político— y es parte de las constantes relaciones de poder y sus abusos a los que estamos expuestos. A pesar del hecho de que todas las grandes religiones prohíben la mentira, ésta es un aspecto de la vida cotidiana casi desde nuestro primer día de existencia, incluso en el seno de las familias más devotas y religiosas. En efecto, para cuando el niño aprende a hablar, sus padres le han estado mintiendo de forma rutinaria y acaba por esperarse del niño que aprenda también a mentir como aspecto de su adecuada socialización. Instamos a nuestros niños a que no mientan, pero les mentimos constantemente. Les decimos que sean honestos a la vez que nosotros no lo somos y nunca les decimos lo que es una mentira, en qué se diferencia de la verdad, y lo que queremos decir cuando mantenemos que está mal decir mentiras y los castigamos cuando no lo hacen. Para tranquilizarnos tenemos muchas maneras de racionalizar las mentiras que continuamente decimos a los niños y entre nosotros; asumimos que los niños no comprenderán la verdad o no quieren saberla, o que ésta les hará daño, y creemos que las pequeñas mentiras piadosas no serán dañinas y que de hecho, estamos obligados a protegerles de la verdad. Pero las verdaderas razones para mentirles son mucho más prácticas; el hecho es que les mentimos para mantener el control. El ser veraces requiere que nos hagamos responsables de nuestras propias acciones y sentimientos, y a veces que renunciemos al poder y al confort, en la medida en que nos enfrentamos a la realidad de nuestros abusos de poder.

La capacidad de percibir, de comprender y de situarnos en el mundo de forma efectiva está severamente restringida por la constante presencia de mentiras en nuestra vida. El proceso de discernir cuándo mentir y cuándo decir la verdad drena constantemente nuestra energía mental. Cuando nos mienten, filtrar la verdad es igualmente desalentador. Podemos descontar nuestra intuición y creernos las mentiras, poniéndonos en una situación de gran desventaja. O podemos renunciar a creer las mentiras y construir un escenario que explique lo que percibimos, que puede llegar a ser paranoico y nos sitúe al borde de la locura. En este proceso, el amor y la confianza se ven constantemente minados. Dadas todas estas incertidumbres, la mente no puede trabajar en su nivel óptimo.

MENTIRAS EN LA ERA DE LA INFORMACIÓN

Nos encontramos en un momento mágico en la historia en el que tenemos la capacidad mental y el conocimiento técnico para satisfacer de forma eficiente y potente la más básica necesidad humana: el hambre de información. Tenemos terminales y procesadores de información, tenemos redes y la economía de la información. Lamentablemente tenemos un gran problema con la propia información, a saber, que está severamente contaminada con una variada gama de mentiras. Las mentiras sin el poder amplificador de la tecnología son algo dañino, pero controlable, pero la mentira de alta tecnología —propaganda— que se da hoy en día puede ser incontenible.

Tomemos la elección y reelección de George Walker Bush, el cuadragésimo tercer presidente de los EEUU. Bush era muy conocido; su deficiente formación, su posición anticientífica, su alcoholismo, el que hubiera esquivado hacer el servicio militar, su fundamentalismo religioso, su desprecio respecto a los hechos y muchas otras cosas. Aun así, Karl

Rowe, un propagandista extraordinariamente hábil fue capaz de erigir tal aparato mediático de relaciones públicas de forma tan efectiva que todos estos hechos fueron ignorados y George Bush mantuvo un nivel de aceptación suficiente como para ser nombrado Presidente. Después de cuatro años de completo caos en su gestión, fue reelegido de nuevo, con la ayuda de más mentiras, ahora mentiras e información errónea lanzada contra su oponente —John Kerr— sobre su servicio militar. Hicieron falta ocho largos años —un tributo al poder de la información errónea y de la falta de información— para que el pueblo norteamericano se diera cuenta de la magnitud de sus mentiras, que se habían creído, y del error que habían cometido cuando dejó su administración habiendo caído en desgracia.

Dada el hambre de información que tenemos, la información se ha convertido en un artículo inmensamente rentable, y aquellos que obtienen beneficios de este artículo siguen fabricando más y más formas atractivas de información. Éste es el caso del aumento del tirón que tienen las drogas; desde el vino al coñac, de la hoja de coca al crack, del opio a la heroína, de la hierba al cogollo y al hachís, la información potente virtualmente irresistible está invadiendo nuestras vidas. Debemos desarrollar medios para defendernos de la información basura pues no tenemos una protección innata contra la misma.

Afortunadamente se está produciendo un gran cambio de tendencia en este sentido. Hay varias sedes de actuación en las que se están adoptando medidas correctoras, como organizaciones dedicadas a asegurarse de que la información sea más precisa. Como ejemplo, en este momento Google, Wikipedia y una miríada de blogs se emplean en diseminar información válida. Se puede argumentar, por supuesto, que estas organizaciones a su vez emiten una gran cantidad de información basura, pero el hecho fundamental es que, cada vez más, un individuo puede elegir libremente entre una amplia selección de información disponible. Y otras organizaciones como Flicker, YouTube o incluso YouPorn, si bien saturadas de info-basura, proporcionan a cualquiera un medio poderoso para diseminar información válida y real. Nuestra tarea es aprender cómo manejar estas herramientas sensacionales con la información dispersa.

Una medida a nivel personal para limpiar la información al alcance de todos es la de la «veracidad radical». Ser radicalmente veraz implica no mentir nunca sobre nada y decir todo aquello que sea significativo de lo que uno quiera, sienta o crea. Como se puede observar, y dado el nivel de engaño que nos rodea, el proyecto como he dicho sólo tiene sentido inicialmente en el entorno más íntimo y de relaciones más cercanas, y sólo previo mutuo acuerdo.

Si vamos a empezar a tomarnos en serio la era de la información, debemos tomarnos en serio la mentira y la veracidad. Debemos aprender todo lo que podamos acerca de la información. Tenemos que convertirnos en info-eruditos, esto quiere decir que debemos aprender qué es la información y qué es ruido, qué es veraz y qué es cierto, y la importante diferencia que hay entre ambos conceptos (Steiner 2003, Págs. 226-227). Debemos comenzar este proceso cerca de casa, en el terreno personal antes de esperar que los anunciantes, profesores y políticos sigan esta búsqueda. Sobre todo, en la era de la información debemos saber cuándo mentimos y por qué, y cuándo nos están mintiendo y por qué.

Saber cuándo mentimos es fácil: mentimos cuando decimos algo que sabemos que no es verdad o cuando no decimos algo que sabemos que *debería* ser sabido. La veracidad requiere «toda la verdad y nada más que la verdad», como en el juramento que se requiere antes de testificar en un juicio. Saber cuando alguien más está mintiendo no es tan simple, de hecho es casi imposible a menos que el mentiroso lo admita o que tengamos a mano evidencias incontestables, nuevamente, como en un juicio (Steiner, 1981, Págs. 133-144).

EL ANÁLISIS TRANSACCIONAL COMO UNA PSICOLOGÍA Y PSIQUIATRÍA DE LA INFORMACIÓN

Aquí me gustaría incluir un breve cuento apócrifo:

> Llamaron a un médico para que visitara un pueblo remoto de la jungla porque había una epidemia de disentería que afectaba a ocho de cada diez aldeanos. Después de un breve recorrido por el pueblo, el médico convocó a los mayores a una reunión:
>
> —He notado que vuestras letrinas están próximas al río. Esto es lo que debéis hacer. Siempre que cojáis agua para beber del río, hacedlo río arriba, más allá de donde están ubicadas las letrinas y vuestro problema estará resuelto.
>
> Los aldeanos siguieron este principio básico y genérico de salud pública y acabaron con la epidemia. Aún así, el 15% de los lugareños siguió estando enfermo. Nuevas medidas, como la de hervir el agua o alejar las letrinas del río, las medicinas, etc., redujeron la enfermedad otro 10%.

¿Cómo se aplica esto a la práctica del análisis transaccional? Lo que quiero decir es que la mayoría de las psicoterapias comparten muchos principios genéricos de salud mental que son beneficiosos. Los terapeutas tienden a proporcionar cuidados y protección a sus clientes y a compenetrarse con ellos, mostrando una actitud pensativa y tranquilizadora para animarles a hablar de sus problemas y a ventilar o descargar sus sentimientos. Sólo esa aproximación, aún sin tener en cuenta el problema al que se está aplicando, resolverá el 50% de las dificultades.

Pero los resultados irán decreciendo paulatinamente después de unas pocas sesiones con técnicas genéricas. La situación única de cada cliente requerirá técnicas específicas para su situación y una mayor pericia; juguetear con lo básico no será suficiente.

Adicionalmente, todo terapeuta tiene un límite más allá del cual su pericia profesional no llega. Los raros terapeutas que son de verdad efectivos, con información y técnicas actualizadas, podrán atender casi cualquier situación que tenga remedio. Serán capaces de reconocer rápidamente cuándo una situación no tiene remedio dada su pericia profesional y las circunstancias del cliente. Esos profesionales declinarán entrar en un contrato con tan pocas probabilidades de éxito.

Creo que los analistas transaccionales correctamente formados tienen más probabilidades de acceder a los niveles más altos de información y pericia disponibles hoy, una creencia que goza del apoyo de dos estudios emprendidos por Ted Novey (2006). Cuando los usuarios de terapia de análisis transaccional fueron interrogados y se analizaron los resultados usando la metodología de *Consumer Reports* y una gran base de datos, el resultado fue que los usuarios de análisis transaccional están significativamente más satisfechos que los usuarios de la psicoterapia practicada por los psiquiatras, psicólogos, asesores matrimoniales, médicos y psicoanalistas. En su segunda prueba con un muestreo internacional más amplio, Novey halló que los resultados fueron aún más favorables.

¿Por qué habría de ser el análisis transaccional una terapia más satisfactoria que las demás, que suelen demostrar resultados más o menos iguales? La hipótesis de Novey (comunicación personal, 2005) es que tiene que ver con la calidad de la formación de los grupos de análisis transaccional y con los métodos de supervisión. Yo añadiría que el análisis transaccional tiene una poderosa teoría y metodología. Se trata de una psicoterapia cognitivo-conductual basada en la información, que usa la información de las transacciones y de los contratos combinada con una teoría basada en el «estar bien», las caricias y los estados del yo, los juegos del triángulo dramático y los guiones. Son estos conceptos y técnicas, incluidos a propósito en nuestro método de formación, los que en mi opinión motivan la afirmación de Novey. Además somos una teoría y un método basado en la información, listos para afrontar los retos del siglo XXI.

TERCERA PARTE. CONCLUSIÓN*

Parece que muchos en el Análisis Transaccional están impacientes con el estado del análisis transaccional como teoría dinámica y en desarrollo. Por mi parte, a veces he pensado que los días del Análisis Transaccional ya habían pasado. Muchas de sus ideas se han incorporado silenciosamente en la cultura popular y profesional, pero se ha perdido como totalidad y no se le ha dado un lugar entre las grandes teorías psiquiátricas del siglo. Estaba preparado para dejarla descansar en paz. En consecuencia proseguí con mi interés en los juegos de poder, alejándome del Análisis Transaccional hacia la propaganda, el periodismo y la política de Centroamérica. Desde la perspectiva distante de un investigador de los medios y de la información en una naciente Era de la Información volví a ver el Análisis Transaccional bajo una nueva luz; como una teoría visionaria de la psicología y psiquiatría de la Era de la Información.

Mientras el mundo observa detenidamente al siglo veintiuno con toda la población preguntándose cómo les afectarán los inminentes cambios del milenio, nosotros, en el análisis transaccional, estamos en posesión de un legado que sólo ahora se está haciendo claro: tenemos las percepciones y herramientas de una psicología y psiquiatría de la era de la información democrática, igualitaria y que otorga poder.

---

* Traducción de Agustín Devós Cerezo.

APÉNDICE: NOTAS PARA PSICOTERAPEUTAS*

Este capítulo es una versión actualizada de un artículo de 1995, «Treinta Años de Psicoterapia y Análisis Transaccional en 1.500 Palabras o Menos». Escrito en su momento en un tono provocativo, era en cualquier caso una visión válida. Por fortuna, mi actitud ha madurado; presento para vuestra consideración una versión muy editada del artículo.

La práctica del análisis transaccional ha sido adoptada por consejeros, educadores, asesores y preparadores, pero el análisis transaccional se desarrolló originalmente como una forma de psicoterapia. Escribo esta sección específicamente con los psicoterapeutas en mente. Si estás dispuesto a leer otra repetición más, referente a los contratos, los estados del yo, los juegos, los guiones, el Padre Crítico y las caricias, puedes conseguir aún otra variante de mis puntos de vista.

Para mí, la práctica de la psicoterapia fluyó de manera bastante natural desde mi primer trabajo como mecánico de automóviles. Excepto por el hecho de que éstos no estaban sujetos al efecto placebo o a la ayuda de la vertiente curativa de la naturaleza, arreglar automóviles o curar personas era similar en algunos aspectos. El mandato básico de Berne —«curar pacientes»— era familiar para mí como ex-mecánico: El cliente trae el coche, el mecánico mira bajo el capó, se hace idea de qué va mal, lo repara, y hace una factura. Ésta fue la premisa de Eric al final, como evidencia su

* Traducción de Agustín Devós Cerezo.

última conferencia en 1970 (véase en el Capítulo 13 la sección «¿Cómo cambian las personas?», y Berne, 1971).

Me gustaría pensar que he llegado a ser un terapeuta excelente, que comenzó hace cuarenta años con una buena actitud y una teoría de primera clase —el análisis transaccional— y que finalmente aprendió buenas técnicas y adquirió sabiduría en alguna medida. Habiendo llegado a la psicoterapia a través de la mecánica de automóviles fui testigo de las muchas pequeñas, y en ocasiones enormes, deshonestidades que eran comunes en los mecánicos: cobrando por chapuzas; exagerando la magnitud del problema para aparentar tener habilidades mágicas; enganchando al cliente en una relación de dependencia con posibles tintes sexuales; pretendiendo saber lo que estaba mal cuando no tenía ni idea; durmiéndome en el trabajo; denigrando al cliente que quería saber e inundándolo con una jerga diseñada para confundirlo; y dándome aires o disfrazando mi ignorancia y mis errores, por nombrar unas pocas variantes de la mentira, los juegos de poder y la pura holgazanería. Afortunadamente, habiendo visto y participado en raras ocasiones en estos abusos como mecánico, he logrado evitarlos completamente como psicoterapeuta.

Comenzando por el mandato básico, «curar al paciente», nosotros, que seguimos los dictados de Berne, intentamos lograrlo en la primera sesión. Si fracasamos, nos vamos a casa, pensamos en ello, y lo intentamos otra vez en la segunda sesión, y así sucesivamente hasta que terminamos el trabajo, la mayoría de las veces en un plazo de entre uno y dos años. Esto es para volver a enfatizar que el único objetivo del trabajo transaccional es lograr cumplir el contrato y que el analista transaccional competente permanecerá centrado en ese objetivo, al igual que lo haría cualquier profesional en otras disciplinas maduras.

Tengo en mente tres importantes factores para lograr que el trabajo de la psicoterapia esté hecho: actitud, técnica e información. Con la actitud adecuada, la técnica más efectiva y la información más certera, la terapia tendrá un éxito máximo en su objetivo de la cura contractual. Con estos requerimientos ausentes, lo mejor que uno puede esperar es el «poder de la amabilidad» que literalmente es, dado que nos preocupamos sinceramente y que tenemos buenas intenciones, que no se hará daño alguno (excepto quizá para la cuenta bancaria del cliente), y dado que la vertiente curativa de la naturaleza siempre está en funcionamiento, un tercio de nuestros clientes se pondrán bien sin importar lo que hagamos. Al poder de la amabilidad necesitamos añadirle el poder de la inteligencia (véase más adelante III. Información). Junto a estos dos poderes, el poder del análisis transaccional generará una psicoterapia altamente efectiva.

I. ACTITUD AMOROSA

Entre los tres factores, la actitud del terapeuta es sin duda la que más inmediatamente se percibe por nuestros clientes y por tanto *primus inter pares* en importancia.

Una actitud liberada del Padre Crítico

Nada crece bien en un entorno tóxico. Por tanto, es esencial operar desde una posición carente de transacciones provenientes del Padre Crítico y crear un territorio y entorno radicalmente libre del Padre Crítico en el cual el cliente se sienta seguro y capaz de confiar. La mayoría del entrenamiento terapéutico enseña una actitud agradable, amistosa y confiadamente tolerante, pero estas asunciones de actitudes implícitas no son precisamente suficientes para garantizar la resonancia límbica que se requiere para la psicoterapia verdaderamente potente.

Una zona libre del Padre Crítico está libre de juegos de poder, y en particular de mentiras. Sin excepciones; sin mentirijillas, mentiras piadosas o mentiras «terapéuticas». Sin mentiras por omisión que escondan hechos importantes, ni técnicas paradójicas que se basan en la mistificación. Sin mentir sobre lo que queremos y sobre cómo nos sentimos.

Libre del Padre Crítico significa libre de juicios negativos prejuiciosos, no importa lo bien que aparenten; libre de coerción, no importa lo terapéutico que pueda ser considerado.

Admitiré objeciones sobre la terminología (Padre Crítico, Enemigo, Opresor, Crítico Interno, lo que quieras), pero el principio —No al Padre Crítico— no está abierto a discusión. Un entorno radicalmente libre del Padre Crítico es la condición indispensable para la liberación de las energías sanadoras internas del Niño, que alimentan el proceso positivo límbico y que hacen posible darle la vuelta a las decisiones de guión. Libre del Padre Crítico significa libre de prejuicios negativos. Aún más importante, debemos permanecer libres de ese resentimiento o ira —del cual el terapeuta es completamente responsable— que es la consecuencia inevitable del Rescate. Rescatar, definido como hacer más de lo que a uno le corresponde o hacer algo que uno no quiere hacer, es un serio error terapéutico que lleva inevitablemente a la Persecución.

Libre del Padre Critico significa que cualquier terapeuta que se halle a sí mismo diciendo mentiras por omisión o por comisión, sintiendo enfado o resentimiento crónico, o trabajando con un cliente con el que no quiere trabajar, necesita urgentemente buscar una supervisión orientada a corregir esa situación.

Actitud Nutricia

La actitud adecuada tiene como su principal personificación a un Padre Nutricio activo y cariñoso; un interés cálido y protector que señala: «Te vigilaré y respaldaré mientras la naturaleza y tú hacéis la curación», la combinación de amor incondicional materno, paterno y fraterno, el único poder humano que es capaz de imbuir al Niño desesperado, triste, decepcionado y atemorizado con la esperanza y energía para levantarse y andar el camino. La actitud nutricia necesita ser encaminada al terapeuta tanto como al cliente dado que las habilidades sanadoras potentes se basan igualmente en el amor a uno mismo como en el amor a otros.

Actitud Adulta

El amor a uno mismo y el amor a otros son esenciales para un buen trabajo terapéutico. Igualmente importante es el amor a la verdad; el tercer componente esencial de una actitud efectiva. El analista transaccional efectivo debe ser capaz de centrarse en el Adulto, con una mente abierta y pragmática, preparado para mantenerse firme e incluso aceptar información nueva y contradictoria. Esta actitud implica la desapasionada fuerza mental para defender lo que uno cree, y al mismo tiempo la apertura mental para cambiar inmediatamente la percepción y opinión de uno, cuando los hechos lo demandan. La confrontación cariñosa con la realidad, libre del Padre Crítico, con una dosis sana de cuidado, bajo la guía descontaminada del Adulto, es la actitud adecuada según mi opinión.

II. TÉCNICA

La técnica en cuestión, por supuesto, es el análisis transaccional, que consiste en (perdóname la repetición interminable de un concepto tan básico) analizar transacciones. Esto significa que lo primero no es analizar la estructura de los estados del yo o la historia personal (la cual, aun siendo a menudo útil y relevante, no es lo más central). Ni nos centraremos en la psique y el psicoanálisis, una avenida que ha sido intentada y que fue específicamente abandonada por Berne como línea principal efectiva de teoría y técnica. (Si vamos a llamarnos a nosotros mismos analistas transaccionales, no deberíamos volver atrás hacia el pensamiento y lenguaje psicoanalítico). Las tres técnicas terapéuticas del análisis transaccional son los contratos, las preguntas y las transacciones sanadoras.

Contratos

El contrato es el mecanismo de retroalimentación básico de este acercamiento a la psicoterapia. Establece cuáles son los fines de la terapia y cuáles serán los criterios de su cumplimiento. Nivela el terreno entre terapeuta y cliente usando un lenguaje sencillo y comprensible, y hace posible verificar y corregir la marcha de la terapia. Junto a los obvios y reconocidos efectos beneficiosos de los contratos terapéuticos, el contrato se separa de forma dramática y radical de las terapias no contractuales y la impulsa hacia la vanguardia de la moderna psicoterapia; la terapia de la era de la información. De hecho, los consumidores modernos se están volviendo escépticos hacia los sistemas de terapia que están cargados de pseudo-hechos; en vez de esto esperan resultados. Dado que hoy en día parece haber más aspirantes a terapeutas que clientes buscando terapia, resulta inevitable que las técnicas y métodos antiguos, no comprobados y no demostrados, finalmente se extinguirán.

Preguntas

Un buen terapeuta sigue haciendo preguntas en vez de «establecer un diagnóstico». Es decir, la terapia efectiva está libre de términos fácilmente citados pero básicamente sin sentido como «esquizofrénico», «*borderline*», «pasivo», «contaminado», «guión de perdedor», «*racket*» y demás jerga psiquiátrica, a menudo denigrante. En vez de buscar un diagnóstico psiquiátrico, estoy proponiendo que establezcamos primero una atmósfera de verdad que pueda reafirmar al cliente que está seguro para ser completamente honesto en sus respuestas. Dado este deseo de ser abierto y de no guardar secretos, el terapeuta puede reunir información significativa haciendo cuantas preguntas profundas, atrevidas y penetrantes sean necesarias para averiguar lo que realmente está pasando con el cliente. Con la información así reunida, podemos llegar a una imagen lúcida y tridimensional del cliente que realmente comprenderemos, más que simplemente encontrar algo que encaje en el manual diagnostico. Esta representación tridimensional del cliente, muy parecida a un holograma en el que cada trozo de información es parte de la totalidad de la imagen, nos ayuda a ofrecer un plan de tratamiento personalizado, creativo, abierto a revisión, autocorregible y efectivo que no se ofrece en ningún manual de diagnóstico.

Transacciones sanadoras

Dado que aceptamos el propósito de la terapia, la cuestión surge: «¿Qué hay que hacer para efectuar la sanación?». Tres elementos ampliamente descritos en este libro muestran ese proceso: Permiso, Protección y Potencia. Si estás harto de tanta repetición, por favor salta a la siguiente sección: Información.

1. *Permiso*: El principio universal que Berne resumió cuando decía «Las personas nacen príncipes y princesas y luego sus padres las convierten en ranas», implica que pueden retornar a ser lo que eran, mediante el beso de un analista transaccional, o sea, que el proceso de la terapia consiste en la reversión de sucesos profundamente influyentes de la infancia. Los eventos en cuestión dispararon las decisiones, sensibles en la fecha en que se hicieron, que estaban basadas en la información disponible para la personita, a menudo bajo las condiciones de un estrés traumático.

El Permiso es el proceso en el cual el terapeuta presenta al cliente una información actualizada y le sugiere que es apropiado prescindir de decisiones previas, de tal forma que se pueden tomar nuevas decisiones. Por ejemplo confiar en las personas, buscar el contacto humano, volverse activo en la auto-conservación, aprender, expresar anhelos profundos, y dejar de rechazarse o envenenarse a uno mismo. Continuando con esta transacción de permiso en marcha, la terapia implica fundamentalmente proteger el proceso natural de sanación tal como tiene lugar.

2. *Protección*: El camino a la salud tiene la fuerte oposición del Padre Crítico. Es trabajo del terapeuta, una vez ofrecido Permiso, proporcionar Protección (véase el Capítulo 10) frente a la oposición —interna y externa— del Padre Crítico para que el proceso de cambio pueda seguir su curso.

3. *Potencia*: Las funciones combinadas del Permiso y la Protección definen la Potencia del terapeuta como facilitador del proceso natural de sanación. El hecho es que la maravillosa auto-sanación de la naturaleza se puede desbaratar. El proceso de sanación tiene formas de tratar con incompetencias pero se puede ver superada; se sabe de gente que ha muerto por una infección que comenzó por un pequeño corte de un papel. Lo mismo resulta cierto para las heridas emocionales que afectan a las personas: la Naturaleza está preparada para restaurar la salud con la ayuda de un sanador competente, pero también la naturaleza se puede ver superada por un trauma continuo o por una ayuda incompetente. En el caso de la psicoterapia, hoy esta incompetencia ocurre fundamentalmente bajo la forma de la pasividad del terapeuta e incluso la negligencia por un lado, o por la administración de fármacos ciegamente errónea, especialmente el «cóctel farmacológico», por el otro. Es tarea del terapeuta potente evitar tales influencias saboteadoras y permitir hacer su trabajo a la mano sanadora de la naturaleza.

El mayor impedimento para la Potencia es *hybris*, la arrogancia autocomplaciente del terapeuta que se imagina a sí mismo como quien hace el movimiento de apertura del proceso de sanación más que como su humilde facilitador. Por otro lado, el amor es el mayor potenciador de la Potencia; amor al cliente, amor a uno mismo y amor a la verdad.

III. INFORMACIÓN

El tercer y último ingrediente básico de la buena psicoterapia es la información acertada y válida.

Se ha atribuido la curación a muchos factores: desde el alivio de la presión en el cerebro hasta la simple conversación. Los modernos e inteligentes consumidores actuales de servicios psicoterapéuticos esperan de nosotros que apliquemos en nuestro trabajo una información válida, útil y constructiva.

En los cincuenta años pasados desde que recibí mi autorización para la práctica de la psicoterapia, mucho es lo que aprendí sobre qué es útil en la profesión y qué no lo es. Aquí están cuatro áreas de las cuales ahora tenemos información esencial para la persecución de curas terapéuticas eficientes.

Cuerpo-Mente

1. *Caricias*: Es esencial un suministro abundante de caricias positivas para la salud mental y física. Sorpresa: el déficit de caricias, la falta de ejercicio, una mala vivienda y un trabajo repugnante o ningún trabajo en absoluto causan la depresión. Caricias, ejercicio, un buen cobijo y buen trabajo funcionarán mejor que el Prozac. Un tratamiento contractual de análisis transaccional de grupo es la fuente más efectiva del apoyo y de las caricias necesarias para facilitar el proceso de sanación.

2. *Educación Emocional*: Las emociones son las representantes del cuerpo en la vida mental de las personas. Conocer las de uno y las de los otros es absolutamente esencial para una vida efectiva. Otra sorpresa: Yo te puedo hacer sentir (bien y mal) y viceversa.

3. *Somos Animales*: Como descendientes de los chimpancés, mucho de lo que queremos y de lo que a menudo hacemos está enraizado en nuestra naturaleza e impulso animal. Estos impulsos han de ser reconocidos antes de que los podamos domar y poner al servicio de la cooperación y bienestar de una sociedad moderna democrática y cooperativa.

4. *Somos lo que Comemos*: El bienestar está en conexión con lo que consumimos. La comida basura es dañina para nuestra salud mental; pasa lo mismo con la información basura. También lo es el uso inapropiado de la nicotina, la cafeína, las drogas legales con o sin receta, las drogas ilegales y —lo más importante— el alcohol. La adicción, la dependencia química

(un asunto distinto a la adicción), el uso apropiado de fármacos y la abstinencia deben ser ampliamente comprendidas por el terapeuta efectivo.

5. *Trauma*: La vida está acompañada de estrés, ansiedad y dolor; las heridas, el abuso, el temor y la desgracia son parte de una vida normal. Cuando estos factores estresantes se acumulan, o se hacen lo suficientemente grandes o permanentes pueden exceder nuestra capacidad para manejarlos. Cuando el estrés normal cruza el umbral de manejabilidad y se convierte en trauma sufrimos cambios físicos y psicológicos que se pueden volver permanentes y crear toda suerte de síntomas. Los ataques de ansiedad y de pánico, los enojos, los dolores crónicos, las pesadillas, la depresión, la drogodependencia y la adicción, y la inmunodeficiencia ante la enfermedad son todos resultados posibles del trauma. La mano sanadora de la naturaleza puede que no sea capaz de reestablecer el equilibrio y necesite de un apoyo paciente y conocedor del asunto para estos casos.

Abuso de poder

El poder y las relaciones de poder —abusivas y cooperativas— son aspectos esenciales de la vida y tienen un poderoso efecto en el bienestar emocional.

1. *No a los Juegos de Poder*: Necesitamos entender la diferencia entre estar por encima, estar por debajo e igualdad. Debe ser entendido y radicalmente evitado el abuso de poder en el proceso terapéutico, específicamente el sexual, pero también el enfado sutil y la violencia y acoso emocional.

2. *Marte y Venus*: Las relaciones y guiones de género están en el núcleo de la mayoría de las dificultades entre las personas. Sexismo, feminismo, liberación del hombre y la importancia y extensión de las diferencias innatas y sexuales en las relaciones de pareja deben ser ampliamente comprendidas por el buen terapeuta.

3. *Opresión*: Pertenecer a minorías oprimidas resulta decisivo en la vida de las personas. Necesitamos entender las pre-

siones tóxicas, y a menuda violentas, sobre jóvenes y ancianos, pobres, gays y lesbianas, obesos, deficientes, el tercer mundo y otra gente vulnerable. Debemos tener un punto de vista inteligente y reflexivo respecto al aborto.

4. *Sexo y Niños*: El abuso sexual y emocional sobre los niños fue enterrado como cuestión de los psicoterapeutas a principios del siglo pasado por el fatal error teórico de Freud; postular que el recuerdo de abuso sexual de la mujer adulta era meramente un deseo de cumplir fantasías. De hecho muchos de nuestros clientes, masculinos y femeninos, fueron niños abusados sexual y emocionalmente. Esto hay que considerarlo, teniendo en mente que los recuerdos recuperados no son una prueba y un acusado es inocente hasta que se demuestra su culpabilidad.

Trascendencia

El camino de las personas a través de la vida —desde el nacimiento hasta la muerte— es un área nueva e importante de información. Se deben comprender el paso del tiempo, las crisis vitales, nacimiento, envejecimiento y muerte, los trabajos penosos y los lutos. El suicidio se debe considerar como una cuestión legitima. Espiritualidad, valores, la experiencia religiosa y el poder de la trascendencia son cuestiones esenciales en la práctica efectiva.

¿Por qué Análisis Transaccional?

Nombraré algunas de las nuevas e interminablemente proliferantes técnicas útiles para aportar los resultados deseados: acercamiento cognitivo-conductual, tareas entre sesiones, psicodrama, entrenamiento en asertividad, bio-feedback, relajación, ensoñación guiada, bioenergética, meditación, separaciones terapéuticas y otras medidas profilácticas para la terapia de familia y de relaciones, y por último pero no por ello menos importante, técnicas para derrotar al Padre Crítico. Cualquiera de estas técnicas puede ser útil para facilitar el proceso del Permiso y la Protección.

¿Con qué puede contribuir el análisis transaccional a este proceso? El hecho es que el analista transaccional entrenado está óptimamente equipado, como se detalla:

- Estamos capacitados para observar el proceso transaccional y analizarlo como un medio de intercambio de información.
- Estamos capacitados para distinguir los matices transaccionales generados por tres estados del yo diferentes y las variadas combinaciones de transacciones que pueden ocurrir entre los tres diferentes niveles de significado intercambiado entre ellos. Somos conscientes de las peculiares características de las transacciones Padre a Niño comparadas con las transacciones de Adulto a Adulto, y otras combinaciones de los estados del yo en las transacciones.
- Comprendemos la patología de las transacciones. Sabemos cómo un intento de comunicación se puede convertir en un juego y sabemos cómo ayudar a la gente a parar estos patrones dolorosos de intercambio de información y caricias. Tenemos técnicas para ayudar a la gente a amar y a ser correspondidos con el amor. Comprendemos cómo los nocivos patrones diarios se encadenan para formar un guión de vida y sabemos cómo interrumpirlo.
- Sabemos las características de las transacciones sanas —ricas en caricias positivas— y cómo dar a las personas permiso y protección para engancharse a ellas. Sabemos como responder a las mentiras y como ayudar a la gente para dejar de mentir y dejar de aceptar las mentiras de otros.
- Conocemos la importancia del contrato terapéutico y estamos habilitados para establecer tales contratos. Comprendemos la presión de lograr la finalización de un contrato y cómo esto anima al uso de la información válida más que al de la opinión, la especulación, el prejuicio o la información falsa.

Una terapeuta honesta se gana la vida con su trabajo y es consciente de su tarea. Es humilde acerca de lo que al final ayude al cliente: una combinación de poder sanador de la naturaleza, los esfuerzos del cliente por hacerse responsable y aportar cambios, y la guía y las habilidades del terapeuta. En cada sesión, ella revisa qué progresos se están haciendo, se regocija abiertamente con los cambios positivos del cliente siendo analítica sobre el proceso y usando la información más avanzada para estar al corriente de su trabajo. Reconoce la individualidad única de cada cliente y aplica su creatividad a la dificultad específica del cliente. Surte de permiso para el cambio, de protección contra los demonios que acosan al cliente en nuevas y extrañas aguas. Y ofrece atención y dedicación constante y potente a todo el proceso. Su amor a la verdad la mantiene honesta sobre los efectos de su terapia; positiva, negativa o neutra.

Ésta es la información, añadida a la que provee cualquier entrenamiento profesional, que debemos estudiar y dominar para calificarnos como sanadores de almas efectivos, productivos y del siglo XXI: Amor, Técnica Efectiva e Información Válida. Así de sencillo. ¿Alguna pregunta?

ÚLTIMAS PALABRAS[*]

Durante el último medio siglo he escrito de manera ininterrumpida sobre análisis transaccional. Tras quince años de infatigable edición de mi obra, mi querida esposa, Jude Steiner-Hall, me confesó que estaba cansada de leer las mismas ideas una y otra vez. Durante mucho tiempo me había animado a consolidar mis teorías en una única pieza académicamente respetable. Se me ocurrió que así lo haría como preparación para moverme a nuevas percepciones, y eso es lo que he hecho con este libro.

Con lo valioso que se vuelve el tiempo en mis próximos años de vida, espero usarlo para investigar la nueva era de la información y cómo puede ayudar a redimir la lamentable situación a la que se enfrenta la humanidad; éste es el interés que me surge.

Siempre poderoso en las cuestiones humanas, el amor solo no ha estado a la altura de la ocasión en esta tarea redentora. Asociado con la información, el amor, creo, es aún la Solución.

Octubre 1, 2009

* Traducción de Agustín Devós Cerezo.

BIBLIOGRAFÍA

Ackerman, D. (1994) *A natural history of love.* New York: Vintage. University Press.

Adler, A. (1999) *Understanding human nature.* New York: Oneworld Publications.

APA (2000) «Special Issue on Happiness, Excellence and Optimal Functioning», *American Psychologist V:55* #1, Enero.

Baumeister, R. y Leary, M. (1995) «The Need to Belong: Desire for Interpersonal Attachments as a Fundamental Human Motivation». *Psychology Bulletin,* Mayo 1995 *Vol. 117,* No. 3, 497-529.

Berlyne, D.E. (1957) «Conflict and information theory variables as determinants of human perceptual curiosity». *Journal Exp. Psychology, 53,* 399-404.

Berne, E. (1961) *Transactional analysis in psychotherapy.* New York: Grove Press.

Berne, E. (1964) *Games people play.* New York: Grove Press.

Berne, E. (1972) *What do you say after you say hello?* New York: Grove Press.

Berne, E. (1966) *Principles of group treatment.* New York: Oxford University Press.

Berne, E. (1969) Comentario editorial, *Transactional Analysis Bulletin, V8,* #29.

Berne, Eric. (1971) «Away from the Impact of Interpersonal Interaction on Non-Verbal Participation». *Transactional Analysis Journal, I,* 1. Disponible traducción al castellano en *La intuición y el análisis transaccional,* Sevilla, Editorial Jeder.

Bexton, W., Herson, W. y Scott, T. (1954) «Effects of decreased variation in the sensory environment». *Canadian J. of Psychology VII,* 70-76.

Bloom, H. (1998) *Shakespeare; the invention of the human.* New York: Putnam.

Caplan, R. (1969) *Psychiatry and the community in nineteenth century America.* New York: Basic Books.

Cesereanu, R. (2006) «An overview of political torture in the twentieth century». *Journal for the Study of Religions and Ideologies.* Vol 8, p 45-70.

Chomsky, N.; Ronat, M. (1998) *On language.* New York: New Press.

Damasio, A. (1999) *The feeling of what happens.* London: Vintage.

Dawkins Richard. (1998) *The selfish gene.* New York: Oxford.

Dusay, J. M. «Egograms and the constancy Hypothesis». *Transactional Analysis Journal* II, 3.

Ellis, A. (1962) *Reason and emotion in psychotherapy.* New York: Lyle Stuart.

Freud, S. (1969) *Civilization and its discontents.* Traducción de James Strachey (primera ed., 1922) New York: W.W. Norton.

Fowler, H. (1965) *Curiosity and exploratory behavior.* New York: MacMillan.

Gide, A. (1935) *If it die: Autobiographical memoir.* Traducción de Dorothy Bussy, (primera ed. 1920) New York: Vintage Books.

Goleman, D. (1996) *Emotional intelligence.* New York: Bantam Books.

Goulding M. y Goulding, R. (1997). *Changing lives through redecision therapy.* New York: Grove Press.

Harris, T. (1969) *I'm OK, you're OK.* New York: Harper and Row.

Heron, W. (1957, January) «The pathology of boredom». *Scientific American,* 52-56.

Karpman, S. (1973) «Script drama analysis». TAJ III, 4.

Kipland, K. (1999) Frontline: «The Killer at Thurston High». Disponible en www.pbs.org/wgbh/pages/frontline/shows

Laing, R. (1971) *The politics of the family.* New York: Pantheon.

Le Doux, J. (1996) *The emotional brain; the mysterious underpinnings of emotional life.* New York: Touchstone.

Lerner, M. (1997) *The politics of meaning.* New York, Perseus Books.

Lewis, T.; Amini, F. y Lannon, R. (2001) *A general theory of love.* Oxford. New York: University Press.

Lynch J. (1988) *The broken heart; the medical consequences of loneliness.* New York; Basic Books.

MacLean, P. (1970) «The triune brain. Emotion and scientific bias». *The neurosciences. The second study program.* F.O. Shmitt, editor. New York: Rockefeller University Press.

Matlin, M y Stang D. *The Pollyanna Principle.* (1978) Shenkman. Cambridge MA.

Mayer, D.; Salovey, P.; Caruso, D. (2008) American Psychologist. «Emotional intelligence: New ability or eclectic traits?» Vol 63 (6), Sept. 2008, 503-517.

Menninger, K. (1958) *Theory of psychoanalytic technique.* New York: Basic Books.

Noriega, G. (2002) «Construcción y Validación del Instrumento de Codependencia (ICOD) para Mujeres Mexicanas». Revista Salud Mental, Abril 2002.

Novey, T. (2002) «Measuring the Effectiveness of Transactional Analysis; An International Study». Transactional Analysis Journal. Volumen 32, Número 1, enero de 2002.

Ornish, D. (1998) *Love and survival.* New York: Harper Collins.

Pinker, S. (1999) *How the mind works.* New York: Norton.

Putnam, R. (2001) *Bowling alone: The collapse and revival of american community.* New York: Simon and Schuster.

Ramachandran,V. (2006) «Mirror Neurons and imitation learning as the driving force behind 'the great leap forward' in human evolution». New York: Edge Foundation.

Reich, W. (1936) *The sexual revolution* (traducción de *Die Sexualität im Kulturkampf* realizada por Theodore P. Wolfe). New York: Farrar, Straus and Giroux.

Rizzolatti, G., y Craighero, L. (2004). «The mirror-neuron system». *Annual Review in Neuroscience*, 27, 169-92.

Rogers, C. (1951) *Client centered therapy*. Boston: Houghton Mifflin.

Schlegel, L. (1998) «What is Transactional Analysis?» *Transactional Analysis Journal*; Vol 28, nº 4.

Shannon, E., & Weaver, W. *The mathematical theory of communication.* Urbana: University of Illinois Press. 1963.

Shapiro, A., y Shapiro E. (2000) *The powerful placebo: from ancient priest to modern physician.* Baltimore: The Johns Hopkins University Press.

Shirky, C. (2008) *Here comes everybody.* New York: Penguin.

Spitz, Renee (1954) «Hospitalism», *The psychoanalytic study of the child I,* International Universities Press, New York, 1954.

Steiner, C. (1966) «Script and Counterscript». *Transactional Analysis Bulletin. Vol. 5* #18.

Steiner, C. (1968) *Games alcoholics play.* New York: Grove Press.

Steiner, C. (1971) «The Stroke Economy». *Transactional Analysis Journal.* Vol. 1, nº 3.

Steiner, C. (1974) Scr*ipts people live.* Grove Press, New York.

Steiner, C.(1977) *The original warm fuzzy tale.* Torrance CA, Jalmar Press.

Steiner, C. (1981) *The other side of power.* New York: Grove Press. Traducción en castellano: *El otro lado del poder*, Sevilla, Editorial Jeder.

Steiner, C. (1995) «Thirty Years of Transactional Analysis in 1500 words or less». *Transactional Analysis Journal.* Vol. 25, nº 1.

Steiner, C. (1997) *Achieving emotional literacy.* New York: Avon Books

Steiner, C. (2003) *Emotional literacy: Intelligence with a heart.* Fawnskin CA: Personhood Press. Traducción en castellano: *Educación emocional*, Sevilla, Editorial Jeder.

Steiner, C. (2005) «Transactional Analysis; An Elegant Theory and Practice». The Script, Vol 35 #2.

Sullivan, H. (1954) *The psychiatric interview.* New York, Norton.

ÍNDICE

Segunda Parte
La Teoría Centrada en el Corazón

Tercera Parte
Amor e Información; La Práctica

Visite nuestra web para más información sobre nuestra labor editorial, novedades y títulos en preparación. También encontrará información de interés sobre el análisis transaccional, incluyendo asociaciones nacionales e internacionales, profesionales especializados en sus diferentes aplicaciones, y algunos autores destacados, así como un amplio catálogo en nuestra sección de librería especializada en títulos de AT.

www.jederlibros.com

Le recomendamos vivamente que visite la web del autor. Contiene mucha información interesante. Hallará libros completos y extractos de otros, multitud de ensayos, apuntes históricos sobre los inicios del análisis transaccional, y también otras cuestiones que pueden ser de su interés relativas a la educación emocional y la psiquiatría radical. Editorial Jeder tiene publicado *El otro lado del poder*, por Claude Steiner.

www.claudesteiner.com